猴 面 包 树

Le

Eudes Séméria

Les ressorts cachés de la dépendance affective

harcèlement

亲密与骚扰

fusionnel

[法]厄德·塞梅里亚 著　　狄佳 译

上海文艺出版社

献给

西里尔·帕亚克

目录

前言 /010

1
亲密骚扰过程 /020

家庭关系纽带中的陷阱 /024
共生融合是两个人的事 /032
伴侣之间 /038
嫉妒 /047

2
亲密操纵 /052

编造与诱惑 /053
诉诸怜悯和诉诸恐惧 /057

3
崩溃与冲突 /066

有一天,一切都崩塌了…… /067
将冲突作为依附手段 /069

4
亲密骚扰的后果 /076

照顾者的情绪关键 /077

心理并发症 /080

家庭与社会现实令情况更加复杂 /088

5
什么是共生融合型个体？ /092

依赖型人格障碍 /093

边缘型人格障碍 /096

心理情感不成熟 /098

存在主义心理学的观点 /101

共生融合型成年人的四个心理防御原则 /102

6
拒绝长大 /106

内在小孩 /108

拒绝成年人的特征 /111

服从于父母的权威 /119

拒绝家庭发展变化 /130

有关"活不长"的奇怪预感 /139

7
拒绝做自己/144

假想中的世界/145

难以找到自己的位置与人格/148

卑躬屈膝/157

自我贬低/162

尝试消失/171

8
拒绝行动/174

缓慢生活/175

逃避决定/176

逃避行动/179

自我破坏/193

9
拒绝分离/204

情感依赖问题/205

情感贪婪/207

为他人牺牲/216

共生融合型成年人性行为的各个方面/221

10
共生融合陷阱为何有效？/234

共生融合陷阱的关键/235
如何就变成了主要照顾者？/237

11
从心理支持到心理治疗/242

存在主义心理治疗的起源和原则/243
为照顾者提供的心理陪伴/247
共生融合型成年人的心理治疗/257
其他心理治疗/271

12
其他资源、帮助和支持/276

照顾者法定身份的确立/277
向协会求助/279

结语/282

注释/284

参考书目/292

致谢/294

前言

在家庭或伴侣关系中，我们身边可能会有这样一个亲属，他的情感依赖度明显超出常人，总活在恐惧中，害怕被人抛弃，害怕孤单一人，总想避免任何分离，而且会超乎寻常地渴求他人照顾自己。他会说，"我和家人形影不离，我害怕失去他们"，"我没办法独自做决定"，"我觉得自己还没长大"，"我总觉得自己能力不足"，"我的生活止步不前"……他非常没有安全感，总是在强调，说自己需要感受到他人的爱，需要获得他人的认可；他永远在寻求支持，总是在渴望与亲友亲近。

通常而言，父母、配偶、朋友都会尽最大可能回应他的求助：他们会安抚他、鼓励他、为他提建议、陪在他身边、代他做决定，在日常生活的各个方面为他提供支持。即便这样，也无法改变什么，情感依赖者根本无法真正独立自主地生活，他总是会推卸责任。有一个女人，被丈夫熬到精疲力竭，她说："我丈夫几乎无法自立。我总是要敦促他，就像敦促孩子一样。"还有另一个年轻女人，她也有同感。她母亲总是情绪崩溃，事事缠着她，逼得她喘不过气来。她说："我母亲这个人，只要我离她远一点，她就会开始对我进行情感勒索。我的人生都被她吞噬了。"还有一个男人，因为哥哥的事而感到沮丧："他从来都不会像成年人那样处事。而我觉得，自己应该背负起对他的责任。"

此类行为会让人联想到依赖型人格障碍，但官方数据表明，受此类问题影响的人数只占人口总数的0.5%[1]。事实上，许多人都觉得自己身边有个需要"照顾"的亲人，遇到此类情形的人似乎远超统计数据：许多家庭都有不接受分居的配偶、毫无自信或拒绝离家的孩子、占有欲超强的母亲、焦虑且情绪不稳定的哥哥……

心理学对情感依赖这一问题的关注已有一个多世纪的历史。许多专家都描述过类似问题，多年来使用过不同的术语。例如：泰奥迪勒·里博（Théodule Ribot）在1896年提出了"心理幼稚症"，认为该病症的起因在于无法承受挫折感；库尔特·施奈德（Kurt Schneider）在1923年提出了"意志缺乏"，认为该状态的特点在于无主见、酗酒、不成熟；卡伦·霍妮（Karen Horney）在1945年提出了"顺从型人格"，认为此类人格寻求认可与温情，同时伴有低自尊情形；哈里·沙利文（Harry Sullivan）在1947年提出了"不充分型人格"，认为此类人格迫切需要找到他人来代其做决定；世界卫生组织在1977年提出了"精神疲劳",将其定义为缺乏心理调适能力、情绪淡漠;之后,1980年,《精神障碍诊断与统计手册(第三版)》提出了"依赖型人格障碍",这一术语自此广泛流传开来。该类人格障碍的许多特点,在成年情感依赖者身上都能找到[2]。

不过,尽管心理学对情感依赖者感兴趣,但该学科在进行相关研究时却并未考虑问题主体对亲友圈产生的影响。事实上,亲友们经常反映,他们似乎被"困"在了距离过近、"令人窒息"的关系中。我们甚至可以推断,每一个情感依赖案例深处,都存在典型的骚扰过程。时至今日,这种骚扰关系仍未引起足够重视,而本书的目的就是去描述它,并帮助人们去应对情感依赖问题。

20世纪90年代末,玛丽-弗朗斯·伊里戈扬(Marie-France Hirigoyen)带火了"精神骚扰"这一概念。她将精神骚扰定义为一系列"充满敌意的行动,或明显,或隐蔽,由一个或多个个体发起,针对某一特定个体,把他当成受气包。看似无关痛痒的字眼、隐射、暗示、话里有话——这些举动的确可能扰乱某人心情。如果亲友圈中无人干预,那么受害者甚至可能崩溃。施虐者就是通过这种方式来贬低他人、抬高自己的[3]。在精神骚扰中，如果受害者尝试反击，骚扰者就会放烟幕弹，指责受害者有偏执倾向，讽刺他缺乏幽默感，想方设法把冲突责任转嫁给他。骚扰者还会孤立受害者，不再与他说话，同时怂恿其他人照做，以此来进一步施加压力。总之，如果某人总是故意破坏另一个人的身心完整与尊严，那么其中一定存在精神骚扰行为。玛丽-弗朗斯·伊里戈扬写道："(对骚扰者来说)存在的唯一方式便是'打击'他人。他们渴求钦慕与认可，所以才需要贬低他人，以此获得良好的自我感觉，甚至借此获得权力[4]。"

不过，在本书所描述的情况中，并不存在精神骚扰现象。当然，我们要谈的同样是骚扰问题。的确，情感依赖者会一而再、再而三地提出要求，而他的亲人，在受到无止境的打扰之后，全都会感觉自己的心情受到了扰乱，本人受到了攻击。此外，亲人们还发现，情感依赖者本人心理极为脆弱，随着时间的推移，会把照顾他的亲人们也带入长期的压力和焦虑状态，亲人们会产生无助感，最终灰心丧气、精疲力竭。除了精神层面上的深度失调之外，亲人们还会出现各种身体不适：消化问题、心血管问题(高血压、心动过速、心悸)、睡眠障碍、肌肉和关节疼痛、头痛、长期疲劳。

但是，成年情感依赖者真的是在故意"骚扰"亲友、故意"骚扰"那些爱他并尝试帮助他的人吗？就算抛开情感纽带不谈，也轮不上"弱者"（心理脆弱的人）去骚扰"强者"（提供帮助的人）呀！按定义来说，骚扰者难道不是处于强势地位的那一个吗？他的唯一目的难道不是支配并摧毁他人吗？

病态自恋狂的目的的确是支配他人、摧毁他人，正如精神骚扰中发生的情形。但是，在本书所要讨论的范畴内，成年情感依赖者与病态自恋狂完全不同，前者倾向于贬低自己、轻视自己，总是把自己的优点安放到他人身上，令他人显得更加强大，远远高于他自己。他甚至会要求他人来支配自己，剥夺自己的权力，把自己当作孩子来对待；他会想尽办法让亲人来代替自己做决定，把本来应当由他自己承担的责任转嫁到亲人身上。与此同时，他总是处于心理崩溃的边缘。他会紧紧依附他人，占用他人时间，强迫他人帮助他、支持他，永远"扛着"他，在心理层面上损耗他人。从这个角度来说，存在巨大情感需求的个体完全有能力影响亲人的健康，这一点不可否认。不过，成年情感依赖者并非故意伤人。就算他的确有伤人的意图，那伤害对象也不会是别人，只会是他自己：他一有机会就会贬低自己、破坏自己，甚至毁灭自己，此类行为便是明证。恰恰就是在伤害自己的过程中，他也会对亲人造成负面影响，迫使他们出手干预，并把他们拖入长期焦虑状态。

因此，我们可以把"亲密骚扰"定义为一系列反复出现的依附、占用、依赖行为，通过这些行为，一个成年人把本来应由自己承担的责任强加到另一个人身上，从而导致后者出现情绪和心理失调。不过，我们谈及的这种情况与精神骚扰模式相去甚远。在精神骚扰模式中，总会有一个骚扰者，还有一个或多个受害者，两方互相对峙。但是，与情感依赖有关的骚扰绝非个体意志的产物：它来自一种集体运行机制。产生骚扰行为的主体是事态本身，而不是这个或那个具体的人。这要从情感依赖关系的本质说起。无论是情感依赖者，还是照顾者，只有当双方均无力挣脱对方、无法保持距离的时候，情感依赖关系才有持续下去的可能。换句话说，但凡出现这种类型的骚扰，那就说明，在家人或伴侣之间存在着共生融合关系。换句话说，关系中的每个人，无论是否明示，都想"贴着"其他人。

关于共生融合，我们可以从通常意义上去理解它，联想母亲和婴儿之间的关系、热恋情侣之间的激情纽带、相对封闭家庭中的过度抱团。但是，本书以存在主义心理学[1]为框架，该学科对共生融合的定义则更为宽泛：如果某一个体千方百计不愿承认自己是一个完整个体，那么他就存在共生融合倾向。对共生融合型个体而言，他寻求的不是温情或爱情，而是把自己的存在责任转嫁到他人身上。他依附于他人，躲在他人身后，似乎这样就能躲避焦虑，尤其是躲避存在焦虑。的确，只要有另一个人来照顾他、呵护他、代他做决定，那么他就再也不用去回答"我这辈子应当做些什么""我的生命意义何在""未来某一天我应当为何而死"等棘手问题了。心理学家赫尔穆特·凯泽（Hellmuth Kaiser）曾精湛地总结了共生融合型个体的生活原则："别把我当回事。我不属于成年人范畴，也不能被视为成年人。"[5]

本书适合所有被迫应对亲密骚扰情形、渴望寻找答案和解决方案的人——再次强调，这样的人并不少。本书将揭示日常生活中的亲密骚扰过程，以此为基础，进

---

[1] 参见第110至112页的定义。

一步剖析亲密骚扰情形的构建方式,看看家庭成员或伴侣双方如何在不知不觉中把自己锁入相互依赖的恶性循环中。我们将逐一探索各种情况:亲子、兄弟姐妹、伴侣、朋友之间的亲密骚扰。我们将看到,"共生融合陷阱"的责任在于集体,因此不应由亲友中情绪不稳定的一方独自承担。我们还将解释共生融合模式的心理特征,介绍这一模式的起源、原因和运作机制。之后,我们会介绍一些工具,帮助双方——照顾者[2]和依赖者——实现彻底解脱。

---

[2] 我们此处所说的"照顾者"是指不得不为情感依赖者提供帮助的亲友。

本书是我作为临床心理学家和心理治疗师的研究成果。多年来，我一直在收集并研究共生融合关系中成年情感依赖者及其亲人的话语[6]。但是，我下定决心写这本书还有另一个原因：多年间，我本人也经历过亲密骚扰情形。起初，与所有不得不面对它的人一样，我不明白自己正在经历什么，也不知道用什么词来称呼这种情形。不过，经过长期摸索，我终于明白了，我们能够把自己解救出来，也能继续帮助常年情绪不稳的亲人。断绝关系或精疲力竭并非宿命。

1
亲密骚扰过程

亲密骚扰的第一个特点在于，在家庭或伴侣关系中，或多或少存在情感依赖情形。这些总向亲人寻求帮助的人，他们感受如何？请看以下几个例子：

玛格丽特（42岁）："我觉得自己有情感依赖倾向。这种情形给我和男朋友都带来了许多痛苦。我太需要他了。没有他，我无法生活。"

福斯蒂娜（32岁）："对我来说，最重要的就是家人和朋友。我每天都要和母亲、闺蜜联系。如果没有听到她们的消息，我就会恐慌，就会焦虑发作。我无法理解为什么其他人能在我之外有自己的生活。这种情形常常让我感到愤怒。"

加斯帕尔（40岁）："在生活中，我感到迷茫，觉得自己能力不足。我总觉得其他人更棒。我对自己一点信心都没有，总是去麻烦朋友和父母，一次又一次地求他们帮我，告诉他们我有多没用。"

亲人们则会有这样的苦恼：

卡拉（20岁）："母亲抓着我，从不放手。但凡我想做点自己的事，她就会对我进行情感勒索，她自己也会陷入抑郁。她甚至说，如果她死了，就是我的错！所以我感到内疾。我觉得，我必须背负起照顾她的责任。"

加朗丝（52岁）："我姐姐阿梅莉（55岁）总围着我转。我觉得，如果没有我在她身边托举着她，她就会心理崩溃。她总是惹麻烦，这导致我不得不一次又一次地出手干预。真累。"

阿诺（31岁）："我女朋友是个醋坛子。她根本没办法安心。她会翻看我的东西。我一和别的女人说话，她就发飙。她还会监视我……她要么责备我，要么哭个不停，这日子没法过了……"

成年情感依赖者的情绪不稳究竟能够达到怎样的程度？为什么他们能扰乱亲人的日常生活？下面这些叙述能够让我们略有了解。

马库斯今年49岁。他饱经沧桑，常流露出听天由命、迷茫无助的神色，第一眼看上去，让人很有好感。从表面上就能看出，他缺乏自信。青春期末，他曾经受过来自各个方面的一系列失败打击。全家人都曾尝试帮他摆脱困境。不过，为他的不成熟与长期情绪不稳付出最多的，是小他两岁的弟弟皮埃尔。皮埃尔说："那个时候，我总得绞尽脑汁地帮助马库斯。开始时，他会向我借钱。之后，他遇到谁，就会从谁那里偷点小钱，或者顺走点什么。没过多久，他开始酗酒。那时他的生活总是动荡不安。"

再后来，马库斯多次威胁家人他要自杀，还有几次自杀尝试(可能是假装的)。他30岁左右，也曾多次住院。他曾有一个短暂的平静期。那时，他结了婚，有了一个孩子，在保安岗位上工作了两年。皮埃尔说："当时我真的以为他已经走出了困境。可突然间，一切都崩塌了。"马库斯丢了工作，离了婚，开始了流浪的生活。他住在街上，或者遇到谁就住在谁家。他曾因盗窃罪入狱，后来，在一个脏兮兮的小住所里将就了几年。他每天都在家待着，无所事事，终日酗酒。最后，全家人都和他断绝了往来。皮埃尔说："10年后，我又和他联系上了。酗酒导致他身患重病。从那时起，我迫不得已，又开始照顾他了。"

其实，18岁之前，马库斯本是个全面发展的年轻小伙。他喜欢运动(骑自行车、柔道)，饮食健康，不喝酒也不抽烟。当他服兵役归来、准备开始找工作时，才出现了焦虑迹象，同时还伴有情绪淡漠情形。问题突如其来，令人担忧。此时，父母坚持让他离开家庭，独立生活。但马库斯却拖着。他没有文凭，找不到工作。其实，在内心深处，他根本就不想去工作。有一段时间，他把自己关在房间里，除了睡觉什么都不做。面对这种退缩行为，父母很不高兴，觉得这是懒惰的表现。他们强迫马库斯搬走，搬到一个小单间里住。独自一人之后，这个年轻人终于设法找到了一份工作：夜里在停车场当看守。不过，渐渐地，他与朋友们断绝了往来，总是独来独往。皮埃尔解释说："就在那时，他开始骚扰[1]我。不仅总来找我要钱，还总是让自己陷入困难或危险境地。也正是从那时起，他开始说自己有各种严重疾病。多年后我才意识到，那些都是他编的。他骗我，说他得了癌症，还有艾滋病。有一天，他甚至给父母发了一封匿名电报，说他出了一起严重交通事故，昏迷不醒，奄奄一息！我知道他那是在求救，但我不明白他到底想要什么。为什么他总是如此绝望与焦虑？"

家庭关系纽带中的陷阱

在各类亲密骚扰情形的形成过程中，求救和演戏都占据着中心地位。此类行为能够维持一种掌控局面。而这种掌控局面的力量来源就是心理学家所说的"家庭忠诚"。

---

[1] 这里我们说"皮埃尔被哥哥骚扰了"，实际上，意思并不是当事人主动实施了骚扰行为，而是说骚扰行为通过当事人发生。可以说，他"承载"了骚扰行为。同样，亲友们似乎被当成了骚扰对象，可以说，他们"承受"了骚扰行为。从这个角度出发，他们既受到了骚扰行为的影响，也在某种程度上促成了骚扰行为的发生。

"家庭忠诚"这一临床概念被用于家庭心理治疗领域[1]，已有40年的历史。它描述了这样一个事实：家庭成员之间似乎存在着一份无形契约，根据该契约，每个成员都能从其他成员那里获得某些好处，同时，他也有义务以某种方式回报其他成员。举例来说，我们会觉得帮助亲人是自然而然、再正常不过的，我们会在他们遇到困难时提供支持，在他们焦虑时提供安抚，有时还为他们而牺牲自己。我们会觉得自己亏欠父母（纵向忠诚）、亏欠兄弟姐妹乃至朋友（横向忠诚）。我们会感觉自己有权利，但同时也会感觉自己欠他们些什么。所有这些感觉都具有调节家庭关系、维护家庭团结与维持凝聚力的作用。从童年起，我们就已经习惯了，就算遭到父母虐待，我们也会继续保持忠诚。精神病学家兼心理治疗师马可·万诺蒂（Marco Vannotti）认为，这种忠诚"似乎是因重复行为而习得的，这些重复行为驱使儿童在面对父母时秉持坚持投入的态度"[2]。家庭忠诚是一种条件反射：我们通过经验学会了帮助亲人并信任他们，在这个过程中我们多半不会去质疑这种忠诚的基础。其实，亲密骚扰陷阱恰恰建立在这种极为强大的条件反射之上。

事实上，存在重度情感依赖倾向的成年人能够通过家庭忠诚获得大量权利。如果骚扰方恰好是父亲或母亲，情况就更加不可小觑。例如年轻的卡拉,从幼年时起,她便已经在母亲的逼迫下开始了自我牺牲的行为。她母亲总是情绪不稳,渴求共生融合,颠倒了母女角色。因此,在整个童年时期,卡拉一直承受着"给母亲当母亲"的沉重负担。

卡拉是一个细腻敏感的女孩,很容易脸红。大学第一年,她读的是法律专业,但觉得不满意,于是决定转至历史专业。她利用转专业这个机会搬出了父母的公寓,与朋友合租。对卡拉来说,远离母亲意味着真正的解脱。但是,本就错综复杂的母女关系也因此而恶化。卡拉说:"我没有别的选择。我觉得自己像个囚犯,无法呼吸。母亲不愿意让我离开。我一远离,她就受不了。如果不知道我在哪里,她就会穷追不舍,狂发消息轰炸我。如果我不回复,她就会陷入恐慌,焦虑发作,甚至不得不拨打急救电话。过后,她会说,是因为我她才突发心悸。她总是迫使我感到内疚。"

卡拉说,她5岁的时候,母亲由于抑郁突然停止了工作,此后一直情绪不稳。父亲很少参与家庭事务,总是一副傲慢的样子。他同意加大工作量,支持整个家庭的开销。母亲再也没有工作过,芝麻大点的事都会让她精神崩溃：毛巾没有叠好，地板上有一滴水，等等。慢慢地，她出门的次数越来越少，除了出门买菜，其余时间都在睡觉。她不再打理衣着，就连出门时也穿着家居服。她还总把慢性疲劳问题挂在嘴边。

从那时起，她似乎把醒着的时间都用来进行思维反刍了。她会反复思考一些虚无缥缈的事，做白日梦。卡拉说："我小时候，家庭生活很是痛苦。父亲从未说过母亲的坏话，但我可以看出来，他觉得她病了。他这个人，情绪从来不外露。有一天，母亲大闹一场，威胁着要用菜刀自杀。事后，送我去上学的时候，父亲只是对我说：'虽然发生了这样的事，但你还是要试着快乐起来。如果你快乐不起来，就装出快乐的样子。'"母亲一直没有振作起来，反而抓着女儿不放，似乎女儿是她的私人财产。她不允许卡拉有任何隐私。她会搜查卡拉的物品，在卡拉卧室周围徘徊，偷看卡拉的手机，不允许卡拉有任何自主权。

卡拉成年后，不再需要服从父母的管束，开始与朋友们一起出去玩。母亲开始出现粗暴举动，大喊大叫，甚至还会打卡拉。母亲发起脾气来破坏力惊人，辱骂声连续不断，卡拉的东西有时会被扔出窗外……然而，在其他时候，特别是周围有别人的时候，母亲总是一副充满关爱的样子。卡拉说:"她那些做作行为让我感到恶心、不舒服。但当她连续几周生闷气时,那才是最可怕的。我离开家之后,我们两人之间的关系就进入了另一个阶段。她想让我为远离付出代价。她不停地责怪我,说我想抛弃她,说我对她态度冷淡。她还总威胁着要自杀。"

不用说,如果一个孩子从小生活在被人否定的环境中,如果他的忠诚从未得到过承认,那么他是不可能健康成长的。骚扰型父母会让孩子觉得,就算成年了,他也永远还不清对父母欠下的精神债务。之后,孩子会发现,就算历经千难万险,他也难以成长为独立自主的成年人,难以从童年时建立起的掌控关系中解脱出来。成年之后,他往往会发现,骚扰情形会进一步恶化,而且这种恶化总是出于同样的原因:骚扰型父母总是暗示孩子应背负起照顾父母的责任,要求孩子来修补父母的创伤或缺点。

卢多维克,25岁。小时候,他父亲总是控制不住怒火,朝他大喊大叫,抛来各种责备。整个童年和青少年时期,他不得不忍受并帮助患有抑郁症的父亲。这种情形让他痛苦不已。他不能提出任何要求,不能抱怨,也不能打扰父亲，只能接受自己的身份，既要给父亲当受气包，又要听父亲倾诉。成年之后，事情并没有出现任何转机。

"一天，父亲失去了住宅。他要求我把自己的小单间借给他，于是我只能去朋友家借住。一年后，他终于获得了社会保障性住房。我就回到了自己的小单间。但我发现，房间状况糟透了。地毯烧焦了，从地板到天花板，到处都是污垢，有些家具也坏了……我问他打算怎么办。他只是说：'我能怎么办。你就当做好事了呗。'我真是气炸了。再怎么说，借房子这种事也不是像买菜时搭把手这么简单吧！您看，一直以来，我们的关系就是这样的。父亲享受着所有权利，而我则承担着所有义务。"

并不是所有的亲密骚扰情形都如此极端。在强度方面，存在着无数种可能。很多时候，骚扰情形披上了家庭团结的外衣，只不过，这种家庭团结会让人有些喘不过气。例如，刚成年时，许多人都会觉得自己有义务向父母报告所有行踪，每天要给他们打三四次电话，无论什么事都会告诉他们……这种状况是从小就强加在他们身上的，所以他们才会觉得这种事很正常。但是，终有一天，他们会意识到，自己的个体性从来都没有得到过真正的尊重。

克洛蒂尔德，22岁。她解释说："我爱我的父母，他们总是在身边支持我，但我也意识到，他们现在仍然把我当小女孩，阻止我创造属于自己的生活。"

正如马可·万诺蒂所写，孩子们"感觉不得不牺牲自主权，将全部精力用于支持父母"[3]。这种情形被称为"亲子关系颠倒"，它就是亲密骚扰情形的核心。"亲子关系颠倒"与"家庭忠诚"这两个概念密不可分。在亲子关系颠倒过程中，孩子感到自己不得不承担与自身年龄不相称、本应由父母或成年人承担的沉重责任。我们通常会说，在亲子关系颠倒情形中，孩子一方被迫去给自己的父母当"父母"，成年后也依然如此。

然而，有一点需要明确指出：并非所有的亲子关系颠倒情形都是消极的、恶意的。如果只是短暂的亲子关系颠倒，目的是让孩子偶尔承担一些责任，而且孩子在扮演相关角色时获得了鼓励与重视，那么这种情形就不是病态的。对孩子而言，此类亲子关系颠倒意味着成长机会。但是，如果是系统性亲子关系颠倒，而且孩子的贡献被父母否认或忽视，这种情形就会具有破坏性。其实，在各类亲密骚扰情形中，都存在着破坏性的亲子关系颠倒情形。研究该问题的专家让-弗朗索瓦·勒高夫（Jean-François Le Goff）根据临床观察总结出如下特点:"儿童承担的责任超出了他的能力范围";他的需求"被忽视或被利用";他的"付出得不到认可";他"遭受责骂,且他的行为被定义为不良的"[4]。勒高夫还提出"在亲子关系颠倒情形中,孩子一方会发展出焦虑、内疚、低自尊、缺乏人际信任、抑郁情绪及羞耻感"[5]。

在亲密骚扰情形中,如果你是照顾者,如果你觉得自己被父母、兄弟、姐妹、已经成年的孩子、配偶骚扰了,那么你肯定会对上文列出的这些状态感同身受。卡拉自然也是如此,母亲骚扰她,动辄批评她,责备她没用、没文化。自从她宣布要去追求自己的人生之后,母亲便不再理会与她有关的事。

母亲说卡拉忘恩负义,卡拉听了总觉得内疚。她说:"最糟糕的是,我根本管不住自己,我还是愿意去相信母亲。而且,尽管我每次都会按照她的要求去做,但到头来她还是会觉得我忘恩负义。我听她讲话,服从她,一直在她身边支持她。结果呢,我觉得别人给我什么我都不配,我觉得自己做什么都配不上他们。我给自己徒增压力,我觉得自己没用极了。最重要的是,我害怕我的人生和母亲一样失败。"

在接下来的探索中,请牢记这一点:亲子关系颠倒和家庭忠诚是亲密骚扰的两个基本过程。这绝对是两个关键要素。让我们想象一下,当你尝试帮助一个情绪不稳的成年人时,如果他开诚布公地告诉你他真正想从你那里获得的东西,那么他可能会对你说这样的话:

亲子关系颠倒:"你要彻底背负起照顾我的责任。"(换句话说:"我害怕独立自主,所以我希望你总是能代替我,背负起照顾我的责任,就像你是我父母似的。")

家庭忠诚:"所有权利都归我,所有义务都归你。"(换句话说:"我害怕你会抛弃我,所以我永远不会承认你已经充分证明了你对我的家庭忠诚。")

共生融合是两个人的事

亲密骚扰可能发生在兄弟姐妹、亲子或配偶之间。两个人形成了形影不离的二人组,彼此都拼命依附对方。这种关系模式定然冲突不断,充满争吵与怨恨。为了更加形象地理解这种关系,可以想象这样一个情景:两个人,都不会游泳,在水中挣扎,每个人都想借着对方浮起来……

如果您已经是父母,那么请回想一下您在沙堆旁陪孩子玩的那些漫长时刻（有时那可真是无聊啊），还有他不断央求要玩耍、要听故事、要吃饭时的情景……您还记得吗，您无时无刻不在担心他的安全，想知道他在哪里、在做什么，把他接回来时您心里别提有多开心了……您心里总想着他，为他担心，是不是还隐约觉得有些喘不过气来？其实，孩子那边也有同样的感觉。当然，亲子之间这种情形很有可能发生，也很自然，没有什么病态之处！事实上，从定义上说，孩子就是依赖者，所以亲子之间存在一定程度的共生融合是不可避免的，也是合理的，关键在于强度。如果父母无法在孩子和自身之间设定明确的界限，如果父母将孩子当作自身的延伸，如果父母不允许孩子走向独立自主，那么这种关系就很有可能演变为骚扰，对关系造成破坏性影响。这一点，既适用于亲子关系，也适用于伴侣关系。

安杰利娜，45岁，单身母亲。她抱怨自己20岁的儿子雨果不成熟、有攻击性。他连高中毕业证书都没有拿到，拒绝找一份长期工作，整天待在家里，黏着平板电脑或网络游戏。而她则在咖啡馆里当服务员，给家里挣生活费。家里争吵不断。雨果会想买衣服，想出门玩，想要电子设备、钱，等等。每次他提出要求的时候，尽管安杰利娜总是会责备一番，但却从来没有拒绝过，要什么都给。她无奈地说："他整天什么都不做，什么都靠我。我得给他钱，给他准备饭菜，给他洗衣服……我知道自己不应该这样，可我还是会去做。"安杰利娜负责熨衣服、打扫卫生，还要处理雨果那些税务和保险文件。而雨果则玩他的网络游戏，什么都不管。如果她责备他，他就骂她。如果她骂回去，这两人甚至会互相动拳头。

安杰利娜说，生活对她可够狠的。她突然被丈夫抛弃，只得独自抚养刚4岁的儿子。从那之后，孩子再也没见过父亲。而她则不得不面对痛苦难耐的孤独感。她承认，自己依附于雨果。她也承认，自己与雨果之间一直存在着共生融合关系。所以，她从来不拒绝他，他想要什么就给他买，晚上他玩电子游戏的时候，她还会替他写作业。"他的课本我甚至都能倒背如流。当然，这样做完全没有意义……也许我想弥补的只是自己以前的糟糕学业……"结果，雨果和母亲一样，16岁就离开了学校。20岁时，他才意识到自己没有任何文凭，也没有人生计划。

我们可以通过多种方式来辨认这种相互的亲密骚扰关系。例如，两个人之间有一种未经明说的默契，两个人都不承认他们之间存在着明确的界限或分割。举例来说，他们不向对方隐瞒任何事情，会一五一十地把一切都告诉对方。一方之所以很少顾及另一方感受，是因为他根本都不顾及自己的感受。此外，对一方而言，另一方不算是真正的"他人"，而只是模糊的、不确定的"共同自我"的延伸。正如安杰利娜所说，在她家里，门总是敞开的，几乎没有任何隐私可言。雨果可以看到并听到母亲房里发生的任何事，母亲这边也是如此。他知道她在金钱、工作等方面的所有问题。她会觉得自己留不住他。她说："一想到他可能会与我渐行渐远，甚至有一天可能会搬走，我就会焦虑。此外，我觉得他也害怕，也不想放开我。"

当然，我们可以认为安杰利娜把儿子当成了丈夫的替代品。一方面，她不愿去寻找新的伴侣，另一方面，她会把儿子称作自己的"小男人"，说他是她"唯一的念想""唯一的爱"。别看她这么说，其实，两人之间出现了亲子关系颠倒，她把儿子当成了自己的父亲，允许他压制自己、支配自己，而她则把自己的责任转嫁到他身上。的确，她会说，都怪雨果，她才没能去寻找新的伴侣；都怪雨果，她才没能在职业生涯中取得她所希望的成功。另一方面，她也会说：多谢雨果，她才有了被爱的感觉；多谢雨果，她才没有孤身一人；多谢雨果，她才找到了生活的意义。可见，亲密骚扰（无论是本例还是其他情形）中存在着完美的恶性循环。在一方眼中，另一方既是自己情绪不稳的源泉（他导致我无法追求自己的人生），也是情绪不稳的补救措施（他爱我，而且承担起了我的责任）。

不言而喻，在情感依赖方面，雨果也不例外。他想方设法留在母亲的"怀抱"里，绝对不想独立。他甚至都不敢尝试一下，不敢去追求自己的人生。他认为自己是个"废物"，"什么都做不好"，"没有优点"，"不是一个有趣的人"。他承认，每次遇到心仪的人，他都会觉得有些别扭。而且母亲也拒绝听他讲那些事，于是他就觉得更别扭了。他觉得，寻找伴侣是对家庭忠诚的一种侵犯。此外，如果他真的打破了共生关系，离开了家，开始主宰自己的生活，就意味着他必须去应对一个自己难以承受的存在处境：他将不得不承认自己的个体性。

情感依赖的代价极高。拒绝与亲人分离的共生融合型成年人会觉得自己活在挫败感之中，会觉得生命没有用处，人生没有意义，并因此而痛苦不已。其实，与亲人长期共生融合的代价恰恰就是放弃自我。

萨洛梅，30岁。她与62岁的母亲一起住在一间小公寓里，借口是"这样更实惠一些"。两个女人都觉得对方很难相处，总是互相责骂，但谁都无法离开对方。

与此同时，萨洛梅与一个已婚男人保持着断断续续的情人关系，她指责这个男人缺乏责任心。她痛苦地说："他在操控我。他知道我有情感依赖问题，所以他只在自己方便的时候才会见我，其他时间一概不给我任何消息。"这种事已经不是第一次发生了。萨洛梅多次遇到（选择？）忽视她的男人。就算她没有在对方身上找到任何特别品质，没有产生真正坠入爱河的感觉，她也会很快对对方产生依赖感。不过，她依然坚称，说自己想要与现下这个男友一起生活，"建立一段认真的关系"。可无论她自己怎么说，在别人看来，她似乎并没有真正下定决心，并不想走出"共生融合幻境"（离开母亲）、投身真正的伴侣关系。

职业生涯方面也是如此。对她来说，职业方面的任何发展都意味着危险，必须尽快化解。萨洛梅相当自卑，为此吃了不少苦头。不过，她也知道，如果涨了薪水，就不能再以金钱为借口拒绝离开母亲了。此外，她也坚信自己不具备发展或进步所需的品质。"我当然想要实现更高的目标，但我没什么天赋，能力不足……我也会收到升职邀约，但我太害怕了，每次都拒绝。"

上例中的两个人都是共生融合型成年人。在此类情况下，事态会如何发展呢？双方会轮流扮演照顾者和被照顾者的角色。例如，在某个时刻，一方同意（默认）证明自己的忠诚，负担起所有责任——他会为双方做决定、满足另一方需求、陪在另一方身边。之后，双方角色逆转：起初扮演照顾者角色的一方开始抱怨、自我妨碍、自暴自弃、绝望、寻求帮助、肆意指责对方。双方的相对角色就这样以相当微妙的方式不断发展变化，有时只需一分钟就会发生逆转。紧张感几乎无处不在，这样的局面终归是令人难以忍受的。我们不禁再次想起那两个不会游泳、同时落水的倒霉蛋，一个压着另一个浮了起来，另一个只能呛口水，然后再去压对方……

伴侣之间

伴侣之间的亲密骚扰情形与上文描述的情况并没有本质区别。只不过，伴侣之间距离更近，而且，如果两人有了孩子，就会在很长一段时间里放弃与分离和独立自主有关的任何想法。随着时间的推移，伴侣中存在情感依赖的一方不再肩负自己的责任，他会像人们常说的，变成"巨婴"。如果你是照顾者，那你很快就会感到精疲力竭，一边在剩余的感情中徘徊，一边渴望逃离这"被奴役"的生活。

玛艾娃，30岁。刚结识28岁的加埃唐时，她觉得对方很有魅力，做事积极主动，充满了活力。但没过几个星期，这个年轻的小伙子就变了个人。他的情绪越来越低落，变得越来越优柔寡断，不再独立去做任何事情，也不再主动提议周末活动、外出计划或共同安排。玛艾娃解释说："那时，我每天早晨都会离开家，晚上回来的时候，总会觉得加埃唐在这段时间里什么都没有做。他对任何事情都没有意见，也没有欲望。我不得不决定一切。"

很快，玛艾娃觉得自己掉到了陷阱里，尤其是加埃唐还开始监视她、跟踪她，总是问她在做什么，在和谁说话。他会翻她的手机、电脑，偷看她的隐私。玛艾娃说："他越来越黏人、好妒，无论我说什么都无法安抚他。"

加埃唐呢？自从有记忆以来，他总是处于情感依赖状态。"无论什么事，我都等着别人来决定。我没有明确的目标，生活方面也没有进展。我没有能力做决定。"此外，他还觉得自己没有个性，是个"空壳"。当下，他只是凑合活着，打些零工，最多想想月底怎么办，而且他还总是把必须做的事往后推。他与别人合租，房租主要由父母资助。加埃唐什么话都和母亲讲，习惯于每天给她打电话，每周去看她几次，向她倾诉，寻求安慰。母子两人总是会谈论他缺乏自信这种状况，谈论未来，当然，也会谈论他的感情生活。在这方面,加埃唐觉得自己一定"有些不对劲的地方"。"我心里有一块巨大的空白。一旦单身了,我就会立刻冲入新的关系,然后紧紧抓住它。如果没有另一半,我就会觉得自己也不存在了。我无法为自己而活。"

在所有共生融合型成年人(例如加埃唐)身上,我们都能看到这种亲子关系颠倒情形。也就是说,他会把另一半当成父母。他期盼共生融合,这种期盼在具体行为上表现为进入对方家中筑巢的倾向。也就是说,他会进入对方家里,进入对方领土,在那里筑巢,留下自己的物品,同时使用对方的物品。所有这些行为表明,他害怕为自己而活,他想要躲在"我们"之后。为了更好地抹杀个体身份,为了更好地驱赶承担自身责任所带来的焦虑,共生融合型成年人不再提出任何意见,不再表达任何欲望,也不再为自己做规划。他变成了"无关紧要的人"。

玛艾娃在这段关系中停留了将近一年。要知道,在最初几周里她就已经感觉不对了,能坚持这么长时间真是不简单了。这里必须说的是,加埃唐把她当成父母,这种情形提升了她的家庭忠诚感。于是,她加大投入,甚至可能会违心强迫自己多投入。此外,像她这样做事坚定且积极主动的年轻女子,经常会被拯救他人的想法所打动,这也是常事。还有什么能比"帮助自己所爱之人"更令人感动、更令人自豪的呢？当然，前提是她还爱他……不过，对于玛艾娃这样既自信又独立的人来说，如果不爱了，那么分手几乎是必然的。

当然，许多例子表明，处于亲密骚扰情形中的伴侣尽管每天都在互相折磨，但也能共同度过几十年。有些人的确能够坚持许多年，忍受伴侣酗酒、不工作、持续存有轻生意愿，或者陷入抑郁走不出来。不过，在这种情况下，伴侣双方都是共生融合型，只不过一方比另一方程度低一点。这是一种典型互相骚扰情形。如果你正处于这种情形中，你就会发现，双方角色划分得相当明确：照顾者扮演控制角色，而被照顾者在大多数情况下都会追随与服从，正如下面的例子所示。

阿德里安娜和斯特凡纳之间起初只是简单的骚扰关系。根据阿德里安娜的叙述，一方负责各种事务（她本人），另一方则是成年情感依赖者（她丈夫）。

阿德里安娜，38岁，斯特凡纳，39岁。阿德里安娜18岁时他们相识，非常相爱，认识6个月后就结婚了。阿德里安娜完成了言语治疗师的培训，开设了自己的诊所。斯特凡纳在一家水暖公司工作了几年，之后自立门户。这对夫妇有两个孩子，如今分别是7岁和9岁。阿德里安娜说，大约10年前，斯特凡纳开始不管事了，越来越不愿主动承担父亲和丈夫的责任。目前，他无心打理自己的小生意，以各种借口拒绝工作。阿德里安娜说："有时他会说自己病了，或者告诉我他要去工作，实际上却待在家里，有时他会推迟日期，或者直接说合同暂停了……"斯特凡纳小公司的生意越来越难做，于是阿德里安娜不得不延长工作时间。大多数时候，她承担着付房租、采购家用、做家务的责任。当斯特凡纳玩电子游戏或出门骑摩托的时候，她还要照顾孩子。阿德里安娜抱怨："我觉得家里多出了第三个孩子，少了个丈夫。"

我问阿德里安娜，面对这种情况，她为什么能忍这么久。她承认，在刚结婚那几年里，她并不介意扮演这种强势女性的角色："我觉得自己很能干，很坚强，能支撑起两个人。这种感觉很好。我愿意占主导，喜欢做决定。但现在我不想这样了。"

那斯特凡纳对当下的情况有什么看法呢？他的观点与阿德里安娜的截然不同。他承认："的确，我有时会出现金钱方面的困难，但她说我什么都不做，这就有点过分了。她更该好好想想，为什么她自己一刻都闲不下来。她就喜欢那样，她就喜欢从早到晚工作、照顾家里一切，大权在握，发号施令：'去做饭，去查一下孩子们的作业，去整理这个，去修理那个……'她喜欢忙得不可开交。我们俩刚结婚的时候，她会负责所有事，我随她，这样对我们两个人都有好处。"

有孩子之前，两人之间是共生融合关系，但整体上相对平衡。双方都没有觉得自己被对方骚扰了，因为双方对亲密感和支持度的需求配合得相当和谐。换句话说，双方明确确立了各自的角色：阿德里安娜既表现出占有欲、指挥欲，也表现出某种形式的牺牲，她从这种掌控行为中获得了安全感；而斯特凡纳在共生融合中更加顺从，服从安排，在顺其自然和放弃原有责任中找到了自己的平衡点。在这段共生融合关系中，双方都否认自己存在焦虑，逃避直面人生。归根结底，这是一个相互骚扰的案例。究其原因，需要考虑这样一点，在面对各自父母时，阿德里安娜和斯特凡纳都是顺从、服从的一方。阿德里安娜尽管做事积极主动，但如果没有她母亲的首肯，她也做不了任何决定。至于斯特凡纳，他也经常会让母亲给自己出主意，给母亲打电话的频率相当高。

无论如何，孩子的到来彻底颠覆了这对配偶之间的关系。此前，阿德里安娜和斯特凡纳的生活方式相当匹配，但现在两人之间却针锋相对。随着育儿责任的出现，孩子成了重中之重。换句话说，现在的共生融合关系必须通过孩子来运转。有了孩子之后，阿德里安娜和斯特凡纳首先要向孩子证明自己的家庭忠诚。可是，关系和情感层面上出现变化之后，两人却没能看清其中的利害关系，于是双方都产生了这样一种感觉：对方没有向自己充分证明忠诚。焦虑感油然而生，一方面导致双方互相远离，另一方面也让两人的情感需求更加强烈。于是，阿德里安娜把斯特凡纳摆在了父亲的位置上，要求他在孩子们面前承担父亲的角色，同时，通过孩子们，也要他在自己面前承担父亲的角色，担负她的责任。从那时起，她就站在掌控位置上，坚信所有权利归自己，所有义务归斯特凡纳。她会通过发号施令的方式来充分表明这一点。其实，另一方也是如此，斯特凡纳也把阿德里安娜摆在了母亲的位置上。他纵容、娇惯孩子，尝试当一个"朋友般的父亲"，不愿行使权威。此外，在行政手续、职业规划、财务等方面，他多少也有些疏忽。这是典型的相互亲密骚扰情形，在这种情形中，两个成年情感依赖者在互相"打斗"。

　　从这个案例中，我们可以得到一个教训：升级为父母后，伴侣之间的关系总是会被搅乱，这是因为，在之前的二人世界中，双方都能相当有效地否认自己的存在焦虑，可新的身份却会唤醒这种焦虑。孩子将父母身份强加给成年人，让他们不得不面对时间的流逝（以及死亡的可能）、做出选择、思考存在的意义。此时，对成年人而言，再想逃避生活责任恐怕就没那么容易了。正因为如此，当斯特凡纳和阿德里安娜留下孩子、两人一起去度假的时候，一切就会如魔术般重归和谐。两人重新找回了以前那种愉快相处的感觉，不再需要通过孩子来互动。阿德里安娜负责所有事——订机票，选酒店、餐厅、博物馆，规划各类活动。她喜欢做这些事。斯特凡纳全都依着她，听从她的领导，顺从她的意愿，并表示非常满意。不过，假期只是短短一段时间。回家之后，随着育儿责任的重新出现，亲密骚扰情形总是会重新开始，而且还会变本加厉。

为了更好地了解他们所处的情况，阿德里安娜和斯特凡纳做了一个小试验。在一周时间里，阿德里安娜不可以掌管家事，也不可以把时间花在工作上，她要把照顾家庭、监督孩子功课、安排日用购物的事全都交给斯特凡纳来做。在这期间，阿德里安娜一直在沙发上暗骂，翻来覆去、一件件地想她认为该做却没做的事（工作、家务、督促孩子、督促斯特凡纳等）。至于斯特凡纳，与平时相比，他要花更多时间管理家事，于是不得不吃点苦，放弃一些休闲活动。在这一周里，两人之间的关系明显改善了，争吵消失了。怎么解释这种情况呢？

阿德里安娜和斯特凡纳的试验表明：放弃共生融合期待、真正承担起责任的时候，情感依赖情形就会减少，关系也会缓和。但是，您可能会问，阿德里安娜和斯特凡纳以何种方式放弃了共生融合期待？他们以何种方式承担起了真正的存在责任？

此前，阿德里安娜用各种事来填满自己的时间。现在，她放弃了这种疯狂行为，转而去面对自己的存在。她之所以会把自己绑在日常生活(丈夫、孩子、工作)的各种约束里，归根结底，都是为了忘记自己。她让职业和家务事来决定自己必须做什么，这样，她就不用考虑自己，不用去思考生命的意义了。就斯特凡纳而言，他从情绪淡漠中走了出来，无论是在家里还是在职业活动中，他都要把事情管好。在这样做的过程中，他对生活更加用心了，也活得更有主见了。总之，他更负责任了。最终，当阿德里安娜和斯特凡纳不再需要把对方当成自己的父母，也不再去期盼对方不断证明忠诚的时候，伴侣关系才走向了平衡。只有在这种条件下，这段伴侣关系才不再是出于互相保护的需要，而是源自真真切切想在一起生活的愿望。

嫉妒

在伴侣关系中

也许可以把"嫉妒"视为伴侣关系中最常见的亲密骚扰形式。当嫉妒发展到"病态"或"变态"程度时,就是对家庭忠诚的直接公开质疑。在伴侣关系中,嫉妒方向另一方发出的信息很明确:"你爱我吗?你忠诚吗?"各种发问方式,全都指向共生融合最基本的主题,我们可以将这个基本主题表述为:"我们是一体的吗?"当另一方远离或表现出任何独立迹象时,共生融合型成年人就会立刻产生强烈的死亡焦虑。让我们一起去看看,为什么会这样。

玛蒂尔德,26岁,雷米,27岁。两人在一起已经两年了。最初他们是在健身房认识的,交往6个月后,玛蒂尔德同意搬进雷米家。此时,两人之间的关系才开始恶化。玛蒂尔德很快就注意到,雷米紧贴着父母。他坚持每周见他们一到两次,而且不断给他们打电话。此外,在家里,他也表现得越来越被动。他曾在一家信息技术公司短暂工作了一段时间,离职后一直拒绝去找新的工作。他待在家里,总说无聊,不知道该做些什么。白天时他大半天都在睡觉。玛蒂尔德说:"他无法独自做决定。我吃什么,他就吃什么。我看什么电视节目，他就看什么。对什么都说'好'，从来不发表任何意见。"此外，他的嫉妒心也越来越明显。甚至连玛蒂尔德去厕所的时候，他也会跟着，怕她趁机给别人发短信。他会查看她在社交平台上发的内容，检查她手袋里的东西。

在各类亲密骚扰情形中，成年情感依赖者总是表现出一种无法抑制的倾向：他总想看看自己与对方之间的关系纽带是否还牢固。对他来说，这条纽带是自身性命的唯一保证。真的是唯一保证。共生融合型成年人经常说："如果另一半离开了，那我就什么都不是了。"

不难想象，这种焦虑很像是新生儿在生命最初几个月里的感受：如果父母走远，新生儿就会觉得自己处于极度脆弱的状态。从某个角度来说，共生融合型成年人仍然受制于这种生存本能。实际上，当一个人能够独立满足自己的生存需求之后，他就不应该再有这种本能了。然而，对共生融合型成年人来说，看到这个照顾者能够自由自在、自顾自地走开，还有能力随时切断关系纽带，这真是太可怕了。

作为照顾者，你可能也注意到了，嫉妒与疑病症会交替出现，后者与前者作用等同。疑病症在共生融合型成年人身上很常见，它表现为一种执念般的恐惧。此时，他所担心的背叛并不来自配偶，而是来自他自己的身体。受这种心理障碍影响时，他会害怕自己身染重病，而这些想象中的病大多都是绝症。这种恐惧会导致恐慌（焦虑发作），还会有以下症状：心率加快、出汗、颤抖、窒息、身体（胸部、腹部）弥漫性疼痛、恶心、害怕死亡、感觉自己快要发疯。在他本人看来，所有这些迹象似乎都表明他已经进入濒死状态（当然事实并非如此）。所以他会呼唤帮助，拼命要求他人的安抚。不过，无论进行多少次医学检查，似乎都无法让他相信自己的身体一切安好。

如果其他条件不变，我们多半能够看出疑病症和嫉妒之间存在着惊人的相似之处。我认为，这两种情形其实是同一焦虑的两种模式。共生融合型成年人不愿孤单一人存在，也就是说，他不愿回到最基本的个体状态，因为在个体状态下他就不得不去直面存在。对他来说，这是一件危险的事。疑病症和嫉妒的区别在于：疑病症状态下，他担心身体出问题；而嫉妒之中，他则把注意力放在了配偶（他渴望与之融为一体）身上。因此，疑病症状态下，他会定期检查脉搏，哪怕有一点所谓身体异常都要找出原因；嫉妒之中，他则会强迫症般地检查配偶是否退缩了，是否还在那里，是否会放手。他会仔细观察每一个小细节，尝试解释各种迹象，考虑所有失败或背叛可能。他确信，分手会导致他本人彻底毁灭。可以说，成年情感依赖者试图让照顾者"与自己融为一体"，成为支持他、包裹他的父母。

在家庭关系中

家人之间也会有嫉妒，其表现方式比伴侣之间更加间接、隐晦，而且经常会拿另一种相关概念"羡慕"当幌子。成年情感依赖者会表现出怨恨、愤怒、醋意、攻击态度。他有时会表明自己的感觉，说自己受到了他人的伤害。例如，他会随口就说，他的兄弟或父母接受过更好的教育，受到了机遇、时代的青睐，获得了其他家庭成员的帮助，而他自己就没那么走运了。他总能说出另一个"更走运"的人，总能说出一个"更受欢迎的"兄弟姐妹。此外，他还会说，你作为照顾者，有能力去谱写、享受自己的人生，而他却自知无力做到，这也是他不走运的证据。于是，渐渐地，他的责备会越来越频繁。他总是去索取更多帮助和关注。而你这边呢，你越来越觉得，在他眼里，似乎一切都是他应得的，似乎他就该享受所有权利，你就该承担所有义务。事实上，他所做的正是上文提到过的消极亲子关系颠倒行为。他要求你及其他亲人无休止地证明你们的家庭忠诚。如果你也遇到了这种情形，那你就能体会到儿童遇到亲子关系颠倒情形时的感觉（请参见让-弗朗索瓦·勒高夫的描述）了：责任过重，超出了能力所及，感到自己的付出没有得到充分认可，反而有被忽视或被剥削的感觉，而且无论做什么都会受到指责。

不过，除了亲子关系颠倒和家庭忠诚之外，亲密骚扰还会借助其他杠杆。成年情感依赖者会使用多种心理手段，试图维持与亲人共生融合的假象。

2

亲密操纵

作为照顾者，你可能已经考虑过这个问题：那个存在共生融合倾向、不断向你索要支持的亲人，归根结底，是不是一个变态操纵者。根据定义，在操纵过程中，"操纵者使用迂回手段，致使某人按照操纵者意愿做出某种举动"[1]。由此看来，操纵是沟通行为的一个组成部分。换句话说，在与他人互动的过程中，一定程度的操纵是不可避免的，即不可能做到完全不操纵。况且，并非所有操纵都是负面的。人们常说操纵都是"变态行为"，这是不对的。期待他人接纳自己的欲望，且并不以引发对方痛苦或毁灭为出发点，这是相当常见的情形。为获得恩惠而讨好父母的小孩子就是如此。此外，每个人都希望以最佳面貌出现在他人面前，这也属于合理需求。

既然如此，那么在成年情感依赖者身上，操纵行为有哪些表现形式呢？

编造与诱惑

成年情感依赖者经常以谎言为手段，还会使用由谎言幻化而出的夸张、类推、无中生有、避而不谈等手段。照顾者对这种操控行为早已习以为常了，有时出于纵容，有时是为了避免过于频繁的冲突。总之，他并不会去揭穿情感依赖者。照顾者凭经验已经明白，对抗只能是无用功。因此，在这段关系中，无论哪一方都在装。你会假装什么都没看见，与此同时，你也会耗费心力，总想去分清到底哪些是真的、哪些是假的，以便提供相关帮助。由此可见，我们的确需要知道，当共生融合型个体出现操纵行为时，他到底在期待什么，到底想要表达什么。

如果共生融合型成年人的操纵行为被当面戳穿，那么他通常会说是对方误解他了，或者会说是自己表达得不够准确。其实，他的确撒了谎，而且他自己也知道这一点。有人可能会说，这是"病态说谎"行为。但是，尽管"病态说谎"这种说法相当常见，但它并不是一个心理学术语，并没有真正的官方定义[2]。对于共生融合型成年人的这种撒谎行为，"编造"（或"捏造"）这个词可能更准确。在心理学上，它的定义是这样的："以相当有组织、有逻辑的方式将想象中的故事当作真事呈现的倾向。"[3]在我们所要讨论的范畴内，这种倾向可能反映了一种拒绝接受现实原貌的心理防御机制。

从共生融合型成年人的话语中可以看出，他们难以意识到自己的情绪，甚至难以感受到任何情绪。那么，编造行为是否与这种情形有关呢？共生融合型成年人在面对自己时，几乎总是采取遗忘、抹杀的态度，也许正因如此，他心中才会留下一种叙事空白。这种空白令他焦虑不已，于是他总是不假思索地把它填满。很多共生融合型个体都承认，自己永远做不到自发、自然，他们觉得自己似乎没有个性，觉得无话可说。在此类空白的逼迫下，他总是在算计，思考自己应该说点什么，思考自己应该表现出什么样的情绪。他经常会去诠释、想象他人的期待，然后做出回应，甚至会毫无来由地编造。因此，对他来说，撒谎就像条件反射，他甚至都不会去考虑撒谎的原因。就算谎言并不会为他带来明显优势，他也还是会去撒谎。

但是，有的共生融合型成年人适应生活，有的不适应生活。与此对应，他们的撒谎方式并不相同。如果共生融合型成年人拥有相对稳定的社会生活，那么我们就会说他是适应生活的；如果他无法拥有相对稳定的社会生活（流浪、失去住所、失业、缺钱、孤独等），且总是自我妨碍、故意陷入失败境地，那么我们就会说他是不适应生活的。

如果共生融合型成年人适应社会生活（也就是说，他能够保住一份工作，能够承担最关键的责任），那么他会说自己不喜欢撒谎，还会说他自己也受到了这种倾向的困扰，也想摆脱它。然而，如果他属于不适应生活的类型（就像上文提到的马库斯），那么他就完全会东一句西一句地编造，也不觉得编故事有什么害处。他的编造行为意味着拒绝现实,意味着他无法在他人面前承认自己是谁。他信口开河,直到令亲人绝望、灰心。在某个时刻,他也会觉得关系纽带岌岌可危、即将断裂。此时,他就会换用诱惑手段。从根本上讲,该手段呈现了两种形式:一种是虚假的、孩子般的友善,另一种则是奉承的,通常都是些甜言蜜语,但却会因为过于夸张而露馅。

当然,作为照顾者,你不会受骗。有时候,他那既天真又虚伪的样子真让你恼火,但你也能猜想到此类行为的背后多半是痛苦与寻求保护的需要。事实上,共生融合型成年人往往会猜测你想听什么,然后一股脑地说给你听。他会强调你的品性,仰慕你的学历,为孩子、房子、汽车而赞美你——总之,他会提到你的一切成功之处。他总是会夸张,他觉得有必要高度赞扬你、格外强调你的价值,这样才能显得自己渺小,有时明显能看出他其实陶醉于这种悲惨境遇。不过,他再怎么装,也掩盖不了事实真相:他与你的关系不是真实的,也不是真诚的。无论他多么努力,他那些热烈赞美听起来总有些别扭。很明显,他对人际关系的理解非常混乱、肤浅,但也不要小看他的操纵能力。为了操纵他人,他还会使用其他一些典型策略,例如诉诸怜悯和诉诸恐惧。

诉诸怜悯和诉诸恐惧

如果你是照顾者，那么你可能已经注意到了，成年情感依赖者每隔一段时间就会出现社交退缩的情形，似乎他决心放弃了。与往常相比，此时的他明显更加悲伤，还会出现一系列抑郁症状：对平时常做的事失去了兴趣，心理运动减缓，体重增加或减少，疲劳，有睡眠障碍，过度自我贬低，自暴自弃。在许多情况下，虽然他的确可能患上了抑郁症[4]，但我们仍须注意区分，不要将抑郁症与故意挑起怜悯和恐惧的行为相混淆。

假装脆弱

诉诸怜悯时，成年情感依赖者与平时相比情绪更加淡漠。至少，如果他属于适应生活的类型，那么我们就能注意到，在待人接物时他会更加突出自己的脆弱：他的微笑会过于夸张或过于频繁，他会学孩子的嗓音，神色中似乎有些痛苦，姿态上卑躬屈膝，等等。如果他属于不适应生活的类型，那他就会装得更厉害。他会拖着步子，低着头，面部没有表情；哭得更加频繁；无论是在外还是在家都不修边幅，卫生状况越发令人担忧；有意无意间，他说话的声音也变了，这是假装脆弱时的关键元素。

皮埃尔说:"我哥哥马库斯经常给我留言,用一种濒死之人的声音说话。他特别会运用音调,总能找到最令人心碎的点。此时,他的话语声会变得更低沉、吐字更缓慢,还伴随着嘶嘶声。他好似得了扁桃腺炎,呼吸好像也不顺畅了。他支支吾吾,前言不搭后语。"

许多照顾者很快就会意识到,当依赖者得到想要的东西(亲人的靠近、金钱、安慰等)之后,他的症状就会突然消失。那么,诉诸怜悯这个过程本身能否为共生融合型成年人带来快乐呢?大多数照顾者的确会有这种感觉。这是因为,在共生融合型个体看来,担心代表着忠诚。所以,他会通过各种手段来让你担心,还会告诉你担心是件好事。他认为自己必须装出失落或情绪不稳的样子,向你表明他无法独自应对生活。例如,他可能会痛苦地抱怨说自己买不起手机。可是,如果你真送他一部手机,他就会抱怨说自己不会使用,这样,他就能继续沉浸在孤独和无助中了(也沉浸在你的无助之中)……

皮埃尔说:"我经常给马库斯送些衣服,但出于某些原因,他一直穿着那些破衣服。似乎他想假扮穷人、倒霉蛋、被扫地出门的人、生活在社会边缘的人。"

最后这句话说到点上了。包括你在内的许多照顾者也已经注意到了：成年情感依赖者并不希望解决问题。此外，你已经明白了，无论你提出怎样的解决方案，他都会不断出现其他问题。共生融合型亲人最感兴趣的是你的亲近，而不是为问题寻找解决方案。这是因为，问题解决之后，你可能会再次远离他。站在他的角度上来看，问题让你靠近，解决方案则让你远离。因此，你越是表示希望或要求把事情办好，共生融合型亲人就越是会努力把事情搞砸。

不过，随着时间的推移，你对他诉诸怜悯的行为会越来越不在意：你的反应越来越慢、越来越弱。于是，你就会发现他开始诉诸恐惧。成年情感依赖者都是调动亲友圈情绪的高手，他知道如何将自己置于或真实或假想的状况之中，在亲人间制造出一场真正的恐慌。

假装危险

有时，危险是真实存在的。在共生融合型成年人身上，冒险和自我毁灭的行为时有发生。谈到这个话题时，所有照顾者都会提及暴饮暴食、吸烟、过度服药（抗焦虑药、抗抑郁药、安眠药等）、对游戏（电子游戏、赌博）上瘾的情形。有时危险不那么明显，例如弥漫性肌肉疼痛、头痛、头晕、失眠、疲劳、呼吸困难。这时共生融合型成年人就会把症状抖搂出来故意给别人看。不过，问题不够严重，无法充分调动亲人们的情绪，所以他必须再夸张一点。于是，他开始变本加厉了。

为了吸引你的注意力，共生融合型成年人会从基本属实的症状出发，制造出一个真假混杂、令人焦虑的话题。癌症、严重感染、昏迷，这些词他张口就来，语气中总是带着些彻底放弃的意味，很有震慑力。但是，他的真实意图就藏在他那奇怪的态度里：在宣称自己得了重病、即将不久于人世的时候，他会展现出前所未有的平和。没有焦虑，没有恐慌，更多的是某种满足，甚至可以说是某种自豪。可能是因为他提到的那些疾病已经严重至极，所以他也没有必要再去添油加醋了……

以下是一个假装危险的案例。这一次，主人公真的是费了不少心思去编：

加朗丝，52岁。她说："一天晚上，姐姐阿梅莉（55岁）给我打电话。她躁动不安，大喊大叫，哭着央求我尽快去她家。她讲话时东一句西一句，让人听不出个所以然。我可以听到她身后有声音，似乎有东西在撞击墙壁。慌乱中，她吐字不清。我终于听明白了，她说有人试图撞开门，想要强行闯入她家。她大喊大叫：'你一定要来，你一定要来，求你了！'我住在城市的另一边。我又能做什么？我告诉她，马上打电话给警察。她拒绝了。她坚持认为，我应该去她家。我突然意识到，这一切都没有意义。我挂了电话，睡觉去了。当然，我再也没有听说过这件事。"

以自杀要挟

必须指出的是，共生融合型成年人并非全都有自杀倾向。作为照顾者，你可能从未遇到过任何自杀要挟或自杀尝试。不过，大多数共生融合型个体，即使从未明确表述过，也从来没有做出过要挟或尝试举动，他们也都相当向往自杀。事实上，有一些行为可以与自杀画等号，能够无穷无尽地弥补他们关于结束自己生命的愿望，例如酗酒、吸毒、做危险的事（例如开车时冒险）、自我毁灭行为（参见第7章）。

反过来，如果他真有自杀意愿，那也需要很长一段时间才会付诸行动。起初，成年情感依赖者会呼求帮助，之后，他可能会"玩失踪"。他会毫无来由地断联：不接电话，不开门，躲起来，像是在生闷气。与此同时，他会继续谨慎观察，窥视亲人们的反应，看他们是否害怕、悲伤。

一切证据都表明他另有打算：他会讲一个关于自杀的故事（但不是真的自杀），但讲故事这个行为本身就预示着未来会出现真正的自杀尝试。此外，上文已经谈到过，早在自杀尝试之前，他已经有许多可以与自杀画等号的行为。如果共生融合型成年人常说自己不害怕死亡，就要更加重视此类可以与自杀画等号的行为。的确，与他人建立共生融合关系的假想能够在很大程度上帮助他否认死亡，或者说，能够抵消死亡所带来的恐惧。但这种恐惧真真切切地就在那里。每个人都有这种恐惧。它通常埋得很深，只是偶尔会以恐慌症的形式出现。

当然，自杀要挟总是要认真对待的。就算其中可能存在操纵成分，但也绝对不能只揪着操纵成分不放。归根结底，自杀要挟来自真实存在的痛苦。可问题是，除了持续监视，照顾者几乎没有任何其他办法来应对自杀威胁。许多照顾者都说，这种情形就像是地狱循环，是情感勒索，叫人不知如何才能摆脱。

其实，作为照顾者，你的确可以做一些事。应该怎么做呢？我们会看到，首先，不要再去监视有情感依赖问题的亲人了。一方面，这项任务是不可能完成的；另一方面，想要背负别人的责任终归是徒劳无功的。当然，面对自杀要挟时，必须做点什么。所以，请至少记住这个关键：共生融合型成年人越是相信他无须对自己的行为负责，那他就越有可能尝试自杀。

许多照顾者都已经注意到了，共生融合型亲人要挟自杀时，总是会提前表明，说别人（通常是亲友）是导致他自杀的罪魁祸首。他会放烟幕弹，转嫁责任。他似乎在说："我的死，责任不在我。唯一要负责的那个人是你。"所以，你必须特别注意，千万不要肯定他这种说法，千万不要让他觉得你已经接受了这一契约，也不要监视他或显露出内疚。相反，必须非常明确、非常坚定地拒绝承担任何责任。确切地说，要把责任还给他本人。必须说给他听：无论发生什么，自杀都是他一个人的责任。

皮埃尔说："哥哥马库斯多次要挟我，说他要自杀。有一天，我正在数千公里外度假，他突然给我打电话。和往常一样，他哭个不停，惊慌失措。他告诉我，他爬到了11层楼的楼顶上，多次助跑，每次跑到楼顶边缘时都会在最后一刻停下来。他用极其焦虑的语气补充说，他害怕自己会再来一次，他觉得自己可能忍不了多久就会跳下去了。他希望我立即去接他。我向他解释，我做不到，但他不听。他只是不断重复说我必须过去。就是那天，我告诉他，如果他跳下去，那就是他的选择。从此以后，他再也没有用自杀要挟过我。"

另一个例子来自奥尔加和让,骚扰来自他们的女儿泰雷扎:

无论是在感情方面,还是在事业方面,泰雷扎的生活都一团糟。她非常容易受人左右。每一次恋爱,她的慷慨和轻信都会被人利用。她在行政部门工作了一段时间。连续多次病假之后,她被解雇了。如今,泰雷扎37岁了,独自生活在由父母付房租的一间小公寓里,两位70多岁的老人因不断支持她而疲惫不堪。

她父亲解释道:"我们不敢远离她,甚至连几天的度假都不敢去。"泰雷扎曾数次试图自杀。最近,她先吞下毒药,然后又尝试用腰带上吊自杀。每次自杀行动前,她都会发送告别信息,然后亲自打电话给急救中心。自杀的念头周而复始,似乎赶也赶不走。

无论是以自杀要挟,还是实施自杀计划,共生融合型成年人都会给亲友们带来巨大的焦虑、悲伤和内疚。亲友们觉得自己被困住了,无能为力。但是,从共生融合型成年人角度看,此类事件也是他人生旅途上的关键转折点。从第一次自杀要挟(也包括第一次自杀尝试)开始,他与亲友之间的关系就开始向冲突发展了。亲密骚扰也会随之进入新的阶段,攻击性行为即将出现。

3

崩溃与冲突

公开冲突阶段往往从自杀尝试开始，但有时也会从相对平静或稳定的时期进入。这段平稳时期可能会持续几个月到一两年，很少能持续更长时间[1]。在平稳时期，照顾者可能会觉得情绪不稳的亲人变理智、变温和了。的确，他似乎正在努力走向独立自主。例如，他会想办法保住自己的工作和住所，或者进入一段持久的恋爱关系。当然，在管理财务或遵守诺言方面，他可能仍有一些困难，但总体而言，人们会发现，他身上出现了一定程度的改善。亲人们也会觉得他没有以前那么缠人了。

但这只是风暴前的平静。很多时候（甚至是不可避免的），在平静之后，情况会突然恶化，甚至爆炸式地突然进入冲突阶段。此时，亲友们会觉得自己正在目睹一场真正的崩溃。

有一天，一切都崩塌了……

情绪不稳的成年人在此之前建立或维持的一切全都迅速瓦解了。他失去了一切：工作、住所、资产、人际关系……就在这时，亲密骚扰进入冲突阶段。除了永无止境的抱怨和求助之外，还会产生责备、指控和言语攻击。

皮埃尔说:"有一段时间,马库斯一切都还算顺利。于是,我和他疏远了一些,但也会时常见面。他认识了一个年轻女人,两人很快就结婚了,不久后还有了一个孩子。他岳父母名下有一栋小楼,夫妇二人就住在那里。马库斯在停车场找到了一份守夜的工作。在差不多两年时间里,一直没来打搅我。"

两年后,马库斯突然发疯。他在工作场所假装威胁他人。警察介入时,他又声称自己什么都不记得了。他被送入一家精神病院,在那里住了两周。出院后,他妻子提出了离婚。她家出钱,让马库斯搬走了。之后,他就消失了。后来我们才知道,他去了法国南部。有一段时间,他遇到谁就住在谁家。后来,他因盗窃而被捕,在监狱里关了几个月。那段时间,父母一直尝试支持他。但什么用都没有。马库斯只有一个念头:彻底放弃自己,每天只有流浪和酗酒。

为什么他会出现这种戏剧性的崩溃?而且,为什么恰恰是他在努力尝试更加稳定、更加独立的生活之后出现崩溃?也许,原因恰恰在于他即将成功。这种观点看似令人惊讶,但在存在主义心理学中却是极为容易理解的:任何直面生活、承担个人责任的行为,都会令个体面对孤独与脆弱。在某些情况下，他会掉头往回走。独立自主的努力越真诚、越持久，这种掉头回退的情况就快得越吓人。

还有一点：从这一刻起，共生融合型成年人就将以不信任的态度去看待那些曾经鼓励他、帮助他独立的人。事实上，他会怀疑他们心存敌意或试图攻击，他会认为他们的动机是抛弃他，让他自生自灭，他会认为自己被他们拒绝了。这种看法会让他的怨念越来越深，让他处于防御姿态，并不可避免地导致他诉诸某些攻击性行为[2]。

将冲突作为依附手段

共生融合状态下的冲突，往往以责备为基础，其中掺杂着当事人受迫害的感觉。这是因为，共生融合型成年人极为渴望共生融合，但在他眼中，是亲人拒绝了与他融合。情绪不稳的他突然认定，亲人要对发生在他身上的一切负责。于是，他强迫症般地回忆童年，试图从中寻找可能的创伤：过于严格的成长环境、冷漠的父母，如紧逼不放的母亲、或专制或暴力的父亲……是否存在创伤，这一点其实并不重要。重要的是，他觉得自己心中有一团无名之火，所以想要找到一种解释。此外，他本能地知道，冲突情形也会带来显著优势：受冲突影响的人，同时也会被冲突拴住。所以，冲突构成了新的依附手段。

尼科埃尔今年46岁。读完高中，他毕业考试失利，之后在儿童活动中心当助理。这份工作他大约坚持了三四年，之后就一份接一份地换工作。他多次陷入抑郁，最后，他把自己关在家里，再也不出门了。弗朗西斯解释说："我儿子一直都是孤零零的一个人。从来没有过任何真正意义上的恋爱或友谊，偶尔会有个女朋友，但都不长久。朋友们也是如此，最终都去追求自己的生活，于是与他疏远了。"

尼科埃尔大约35岁时，曾接连几次自杀未遂，之后多次入住精神病院。从那时起，他断然拒绝工作，不再考虑自己的生计。到今天为止，他已经连续几年几乎不出家门一步了。他会要求70多岁的老父母为他购物，为他代办行政手续，为他做家务，帮他付房租，还要给他钱。他母亲让娜说："似乎这都是我们欠他的。他一向都毫不客气，直接就让我们做这做那。最近，他甚至要求提前得到自己那份遗产。我直截了当地告诉他，我们还没死……"

从那时起，尼科埃尔把时间全都花在看电视或睡觉上。他不再洗漱。只吃网上买来的冰激凌和液体酸奶。最严重的是，他不停地责备所有亲友。让娜解释说："他告诉我们和他妹妹，说我们很幸运，所以才会有自己的人生，有朋友，有健康。他责备我们不够温柔，不够慷慨。他说我们没有为他做什么，甚至说我们想让他'精神死亡'！他还说自己想去死，想消失，而我们必须帮助他自杀。我们拒绝了他的这个想法。之后，他每天给我们发几十条咄咄逼人的侮辱性短信。自己孩子做出这种事，怎么能让人接受得了。"

责备

因此，共生融合型成年人倾向于回忆过去，从中寻找千百个小过节，对某人无意间的某句话、某件事揪着不放。他超级敏感。总觉得自己被忽视了，被拒绝了，被鄙视了。更令人惊讶的是，他甚至坚信自己是亲人们精神骚扰的受害者。例如，在伴侣关系中，他时常怀疑配偶有操纵、玩弄行为，故意让自己吃醋。工作时，他又常常觉得别人看不起他、虐待他、剥削他。在家里，他也动不动就抱怨自己被抛弃了，没人爱了。

共生融合型成年人一边对亲人进行亲密骚扰，一边又觉得自己被亲人精神骚扰了，这种反咬一口令人震惊。实际上，这种情形的原因同样在于亲子关系颠倒。共生融合型成年人在面对其他成年人时，总是把自己定位为一个孩子，他会暴露自己的失败之处，不断抱怨与求助。实际上，他正是通过这种方式找到了他所需要的安慰。但从另一方面来说，向亲人献上如此大权也会将他自己置于不利境地，前者可能会利用这权利努力把他推出共生融合幻境，推向独立自主。因此，当共生融合型成年人终于找到工作的时候，他非但不会欢欣鼓舞，反而会首先感到焦虑，同时还会怨恨帮助他的人。在他看来，亲人要求他恢复独立自主，这是想要抛弃他的行为，是放弃家庭忠诚的表现。从这个角度来说，他的怨恨反应的确是符合逻辑的。

言语和身体攻击

此时，亲密骚扰情形会发生转变，会出现雪崩式的短信息或电话，里面全是没完没了的责备与怪罪，有时还会出现人身攻击威胁，甚至会有相当明显的死亡威胁。尼科埃尔的妹妹卡米耶就曾收到过数百条短信，其中一些尤其令人担忧与不安。

她说："尼科埃尔有时会对我们说一些可怕的话。例如，他会给我发短信说：'我想让你难受，想让你痛苦。你必须付出代价，你是一个混蛋！'有一次，他甚至还威胁说，他要雇人杀了我……"家人把他的话归结为精神错乱。但从那时起，卡米耶就陷入极度恐惧，时常恐慌发作。42岁的时候，她终于切断了与父母的联系，她别无选择，只能留下父母，让他们独自面对尼科埃尔。

其实，存在"互相诋毁"情形的家庭，往往是存在亲密骚扰情形的家庭——准确地说，存在相互亲密骚扰情形。攻击性话语（侮辱和咒骂）在这样的家庭中具有特殊地位。这样的家庭以"没有什么是不能说的"或者"谁都能自由发言"为借口，他们的攻击性话语，既是在否定距离，也是在否定隐私。在这方面，热拉尔德被母亲骚扰的故事很有启发意义。

热拉尔德说："从我小时候起，母亲就总想控制一切。即便到了今天,我已经25岁了,已经独立了,她还要每天给我打十多个电话,详细审问我的情况。她什么都想知道。她有我家的钥匙,所以经常会趁我不在的时候翻我的东西。"

热拉尔德明显觉得自己处于母亲的掌控之中。她试图控制他的生活,如果他不服从,她立刻就会大喊大叫,还会侮辱他。但热拉尔德也会骂回去。有时,母子两人甚至会互相殴打、推搡。他承认:"直到最近我才意识到,这种交流方式是不正常的。不得不说,我就是在这种氛围中长大的,我们两个总是形影不离。"

根据经典理论，当自尊心低下者感觉局势即将失控的时候，他就开始言语攻击。自尊心低下和无法控制局面[3]这两个特点往往会导致他对他人产生愤怒和敌意[4]。所以，共生融合型成年人可能会通过侮辱甚至是打人行为来表达敌意。他利用这些行为来实现共生融合，让共生融合变成可以看得见、感觉到的现实。对他来说，攻击行为的目的既不是引发痛苦，也不是支配对方，而是否认他本人与对方之间的界限和距离。这些攻击当然是无法接受的。可是，要知道，他对自己也是这样攻击的。所以说，在他眼里，这些攻击根本不算什么[5]。

4

亲密骚扰的后果

自己的亲人有残疾，因此无法独立生活，这种事谁也没有心理准备，也无法轻易接受。具体而言，共生融合型成年人到底有着怎样的残疾？在大量案例中，并没有任何迹象能够说明此类成年人存在心智障碍。如果的确存在相关迹象，就应当针对障碍（边缘型人格障碍、双相情感障碍等）进行单独治疗，而不应该把它视为情感依赖的后果。通常而言，我们可以注意到，共生融合型成年人并不会受到特定认知障碍的影响。他能够表现出自己聪明、幽默的一面，偶尔也能有一定程度的自我反省。因此，在被问到"他到底有什么问题"时，亲人们往往只有一个模糊的概念。但他们不得不承认，他（兄弟姐妹、父母、配偶中的任何一种角色）并不如他们所愿，他不是一个独立的人。

于是他们会"哀悼"。至少，过了一段时间之后，亲人们通常会觉得不得不"哀悼"。他们已经明白了，事情不会出现任何转机。现在，让我们一起去看看这个"哀悼"过程。事实上，它也是亲密骚扰情形的组成部分。

照顾者的情绪关键

伊丽莎白·库伯勒-罗斯（Elisabeth Kübler-Ross）是一位精神病学家，专业研究临终关怀。她曾研究人们在面对至亲死亡时的心理阶段，并最早构建出了一个模型。这些心理阶段包括否认、悲痛、愤怒、恳求、抑郁、接受(不同的专家对于顺序和数量有着不同的说法)。在理想情况下[1]，人们会逐一经历每一个阶段，逐一感受到每一种特定情绪。

否认：面对至亲离世这一事实，人们还处在震惊之中，无法承认。

悲痛：略微从否认中走出。承认至亲已经离开，但却被精神痛苦所淹没。

愤怒：面对至亲离开这件事，人们深感不公。他们寻找指责对象，对他人或自己感到深深的愤怒。

恳求：人们已经能控制愤怒了，但仍然无法完全接受至亲离开的事实。他们想方设法，期望扭转或改变现实(例如，诉诸祈祷，或者想象死者能"重生")。

抑郁：人们开始意识到人终有一死，死后不能复生。于是，在一段时期里，他们会有被抛弃的感觉，并呈现出抑郁状态(萎靡不振，失去兴趣，失去动力，自暴自弃)。

接受：接受至亲离开这一事实，承认事情已经画上了句号。这时，他们才能恢复正常生活。

许多研究表明，这一哀悼过程不仅会出现在严格意义上的哀悼情形（亲人死亡）之中，还会出现在需要面对其他损失（例如离婚、离职、丧失社会地位，甚至是一场重病——哀悼过去的自己）的时候。针对亲密骚扰，照顾者在情感层面上会经历以下过程：

第一阶段　否认：起初，照顾者不愿相信亲人会有严重心理问题，不愿相信他永远无法像照顾者期望的那样成为一个独立自主的个体。

第二阶段　悲痛：照顾者身上出现了最初的心理失调迹象，表现为失眠、烦躁、焦虑、内疚、无法抑制的痛苦。否认情绪逐渐退却。此时，照顾者可能会借助外物（酒精、药物）来远离现实。

第三阶段　愤怒：照顾者会经历多个愤怒期，可能会对自己或对他人产生愤怒情绪。就是在这一时期，照顾者可能会与存在情感依赖问题的亲人断绝往来。

第四阶段　恳求：照顾者仍然拒绝承认现实，他还心存念想，就连他自己都知道这种念想是不切实际的。此时，他搜寻解决方案，想让共生融合型亲人重新变成他想象中的人，于是在实施"拯救工作"时更加卖力。

第五阶段　抑郁：照顾者意识到自己的努力一无所获，于是他开始强烈地感到绝望。此时，他非常脆弱，有时情况会恶化，发展成抑郁。与亲人断绝关系的情形经常出现于这段时期。

第六阶段　接受：照顾者开始重建自己的生活，面对共生融合型亲人，他不再抱有曾经的希望。然后，两人之间也许能建立起更加平和的帮助关系。在现实中，几乎很难达到这一阶段。

心理并发症

压力与劳损

如果你是照顾者，那么共生融合型亲人第一次向你求救时，你的第一反应一定是提供帮助、维持你们之间的关系。和亲友圈里其他人一样，至少是在最初的一段时间里，你会认为这种问题只是暂时的，情况很快就会出现转机。所以，你证明了自己的家庭忠诚。但之后问题却越来越多。成年情感依赖者总是自我妨碍，陷入失败境地。你终于发现，他会长期这样情绪不稳。亲友逐渐有了疑惑："这样正常吗？"但共生融合型亲人此时已经实现了自己的目标：他已经迫使亲友围在自己身边，承担自己安排下来的大部分责任。此时，压力便产生了。

压力是机体的一种自然反应，目的是让机体能够迅速适应周围环境中的困难情形。面对高压事件（冲突、焦心、挑战、

^{新事物等}）时，大脑会下令生产一种激素^{（皮质醇）}和一种神经递质^{（肾上腺素）}，从而加快心率、升高血压、扩张支气管并提升血糖水平。于是，身体便拥有足够的能量和手段去应对障碍、危险或重要挑战。克服障碍之后，大脑的某些区域^{（包括下丘脑）}就会终止这一过程，以便身体能够回到平静状态。然而，如果压力状态长期反复出现，大脑就会失去调节皮质醇和肾上腺素水平的能力。长期来看，持续的警觉状态会导致机体产生严重劳损。

慢性压力真的是一种病。这种病的许多症状都能在亲密骚扰情形中的照顾者一方身上找到。在心理层面上，这些症状包括注意力不集中、记忆力下降、易怒、失眠。在身体层面上，会出现心悸、肠道问题、烧心^{（胃食管反流）}和溃疡、免疫系统减弱、湿疹、疲劳、肌肉紧张、疼痛^{（背部疼痛、关节痛、偏头痛）}。

以上清单已经够长了，但它还不是全部。随着亲密骚扰情形的扎根，照顾者，尤其是主要照顾者[1]，不得不承受一种彻底无能为力的感觉，于是压力影响进一步加剧。

---

[1] 主要照顾者，即与成年情感依赖者关系最密切的那个人。他与其他亲友的区别在于，后者只是在远处参与。

怀疑与误解

作为照顾者，一段时间之后，你一定会开始怀疑共生融合型亲人再也无法从问题中走出来了。与此同时，你也会感觉到精神上的痛苦。和其他照顾者一样，你会开始接受现实，接受问题的存在。也许你还会意识到，其实自己早就看出这一点了。你会觉得，自己从最初的否认期走出来了。

此时，你会思考，想知道这一亲人为什么会出现如此严重的依赖情形。家人之间会有讨论，会查阅书籍，会咨询他人，但总是会再次得出同样的结论：情感依赖者"不成熟""不负责任"，他"幼稚"且"懒惰"……

与此同时，我们会注意到，此类"不负责任"的人，如果无法被正式归入精神障碍范畴（精神分裂症、双相情感障碍、抑郁），他们就得不到社会的关注，人们对他们也没有耐心。此外，如果不存在犯罪或杀人情形，那么甚至没有任何机构来照管这些纯粹只是不负责任的成年人。这种情况，叫人如何应对？与此同时，还是需要有人来帮助他们：为他们偿债、付房租、购买食品、承担医疗费用；必须有人安抚、陪伴他们，帮他们恢复自信，解决他们的日常生活问题，留意他们的自杀倾向，避免他们流浪，解决他们与第三方的冲突，控制他们酗酒、吸毒、滥用药物的情形……

渐渐地，你感到灰心丧气，和其他亲友一样，你也想过要远离。如果你是主要照顾者，你可能依然会为共生融合型亲人辩护，继续为他们找这样的借口，比如"母亲只是抑郁了，会过去的""我配偶这个人就是容易焦虑""妹妹总有一天会安定下来的""如果儿子找到合适的心理医生，一切都会好起来的"……但是，恐怕你自己都越来越不相信这些借口了。此外，亲友们此时也会经历一个迷茫期，这预示着家庭或伴侣关系出现了转折点。有些人已经开始考虑断绝往来，为这种令人无法忍受的局面画上一个句号。就在此时，愤怒阶段开始了。

愤怒与决裂

情感依赖者会有撒谎、操纵的情形，还会有各种行为问题（攻击或不公行为、小偷小摸、退缩、自我妨碍行为等）。这最终会让大部分亲友耐心耗尽。愤怒在明面上爆发了。这愤怒，既针对情感依赖者，也针对愤怒者本人，例如"无论做什么，再怎么为他着想，也都是没用的""就这样吧，别再和我说了""我怎么这么蠢，让人愚弄了这么久""我真是太天真了"。

照顾者们大发雷霆（亲友圈几乎每一个人都会如此）。一直以来，共生融合型亲人导致他们劳而无功，他们再也无法原谅这种行为了。某次出事之后，他们决定从今以后再也不与他直接接触了。"我再也不能忍了，这已经超出我的极限了""他想让我们和他一起同归于尽""这已经影响到我的健康了"。这种退缩表明，人们再一次回到了否认阶段。从某种意义上说，人们试图遗忘问题，或者准确地说，人们想要与问题保持距离："从现在开始，我越少听说这件事，我的感觉就会越好。"从此以后，主要照顾者将扮演着屏障的角色，情感依赖者会比以前更加孤单。在未来许多年里，他都会扮演这个角色，直到自己精疲力竭、陷入抑郁。

同情导致的劳损与抑郁

如果你扮演着主要照顾者的角色，那么你当然也会像其他人一样生气，但你会试着去忽略问题，或总是去否认它。但你之所以这样做，恐怕也是因为在面对共生融合型亲人时，你有一种无所不能的感觉。所以，你会继续停留在恳求阶段，承担着过于沉重的责任。你既是救世主，也是辅导员和监护人，所以你肯定会生活在长期焦虑之中。与以往相比，你更加害怕了。你怕这位亲人会自杀，会出意外，怕你自己照顾不周，最终导致彻底失败。如果他死了，象征意义上的哀悼就会成真。所以，你的死亡焦虑膨胀到了极致。为了避免亲人死亡，你加倍努力，但只是一次又一次的失败、一次又一次的失望。你离精疲力竭已经不远了。

我们会注意到，在这段时间里，无论是主要照顾者，还是其他尝试帮助的人，都会发现自己总是陷入失败（帮助是徒劳无功的）和情绪不稳（因这段关系而感到痛苦）境地，"都这么努力了，还是一败涂地"，"我一刻不停，感觉糟糕透了，总是在抱怨"，"我真希望有人也来帮帮我"。此时，照顾者的身心健康取决于依赖者的稳定程度。共生融合关系发展到这一阶段时，已经集齐了所有条件，即将发展为"同情导致的劳损"。

某些专业人士（外科医生、精神科医生和心理医生、护士、教育工作者等）需要长期密切接触患者、弱势群体、困难人士。对这些专业人士的健康状况进行研究时，有人提出了"同情导致的劳损"这个术语。研究表明，如果每天都要应对受伤、死亡或心理创伤等情形，专业人士就会产生情感疲劳，就会导致精疲力竭、抑郁甚至自杀。这种情形并非典型的职业倦怠，它来自帮助关系本身，也就是说，它与共情和仁爱的能力有关。塞尔日·丹诺（Serge Daneault）是一位加拿大医生，专业研究临终关怀。他认为，总在应对他人痛苦的医护人员终会"受伤"[2]。在这种情况下，我们就会说，医护人员患上了"同情导致的劳损"（或"同情导致的疲劳"）。此时他们已经没有能力再去帮助别人了。

社会保障部门培训师兼工作人员若埃尔·纳加尔（Joël Naggar）和莉丝·诺埃尔（Lise Noël）将"同情导致的劳损"描述为"共情能力、希望、对他人与对自己的同情心逐渐消磨、损耗。（……）最初的那种同情心逐渐消失，取而代之的是无助感、怀疑、内疚、愤怒，此外还对未来失去了希望"[3]。在照顾并陪伴弱势群体的同时，在倾听并安抚人们疾苦的同时，许多医护人员最终失去了同情的能力。他们饱和了，被他们承受的沉重创伤压倒了，他们再也无法理解别人的痛苦了。

"同情导致的劳损"具有下列症状[4]：

- 深深的疲惫感；
- 与他人共情的能力下降；
- 疏离感或失去兴趣；
- 越来越愤世嫉俗；
- 越来越烦躁；
- 敏感程度降低；
- 忍耐能力下降。

你可能已经发现了，处于亲密骚扰情形中的主要照顾者身上也会有一些迹象，比如，"一段时间以来，我越来越不敏感了"，"能做的我都做了，现在我甚至没有精力来照顾自己了"，"我觉得自己无法再坚持下去了"，"似乎有什么东西坏了"。

帮助行为可能会对自己造成伤害，甚至毁掉自己。主要照顾者多年来不断提供支持，但总是徒劳无功。此时的他，正不知不觉地走向抑郁。之后，他会出现抑郁症诊疗量表上的典型症状。这里列出主要症状，以供参考：

- 挥之不去的悲伤（可能伴随无法控制的痛哭）；
- 平时常做的事和爱好不再能带来快乐，不再能引起兴趣；
- 疲劳或失去活力；
- 相对快速的体重增加或减少；
- 睡眠障碍（包括在凌晨4点左右醒来）、失眠或过度失眠（需要一直睡觉）；
- 躁动不安或萎靡不振；
- 自我贬低或过度内疚；
- 思维缓慢，出现记忆力和注意力问题，难以做出决定；
- 自暴自弃、思考死亡、思考自杀。

家庭与社会现实令情况更加复杂

亲友圈内部意见不统一

一边是成年情感依赖者,一边是其余亲友,主要照顾者站在中间,有时会觉得自己非常孤独。显然,他所提供的帮助毫无用处,这一点常常会引起他人的愤怒和不理解。于是,主要照顾者会觉得自己的角色遭到了他人的怀疑,"其他人认为我做的这些都是无用功","他们说我太软弱了,说我是个老好人","其他人不理解为什么我还要坚持下去"。

如果你也处于这种局面之中,就会发现自己越来越孤立,越来越无依无靠。与此同时,亲友圈内部也开始四分五裂,出现了越来越严重的分歧,怨恨越积越多。

> 奥尔加说:"别人经常和我说,说我帮助女儿、答应她所有要求的行为是错误的。可我又能怎么做呢?有时,我觉得自己才是那个犯错的人!"

在某些案例中,意见分歧会让双方更加坚持己见,至少初期会有此类情况。主要照顾者坚信自己的观点是有道理的。可是,一想到没人能接替自己,他就又会感到害怕，于是就更加靠近依赖者。其他亲友则会继续去寻找新的理由，继续发泄怒火，对家庭和谐与凝聚力被破坏这件事更加不屑一顾。

个人生活受到扰乱

除此以外，亲密骚扰的影响还会不可避免地渗入主要照顾者及所有相关人员的个人生活中。如果主要照顾者有配偶，那么通常会有两种情况：要么配偶与照顾者的行为脱离关系，要么配偶与照顾者一样，投入同样多的时间与精力。

加朗丝说："有一段时间，我曾经在金钱方面接济姐姐阿梅莉。当她出问题时，我就会出手干预。起初，丈夫表示理解，但他很快就疏远了我。他说，我姐姐取笑每个人，无论走到哪里都会制造麻烦。渐渐地，这成了我们之间的一个禁忌话题。他不希望她再踏入我家。"

亲密骚扰不但会导致伴侣关系出现动荡，还可能会为主要照顾者带来沉重的经济压力。这些永无止境的费用令人难以接受。根据情况，每年的开销可能从几百欧元到几千欧元不等，主要涉及住房、食物、服装、电话账单、交通费、各种医疗服务，有时还会有法律费用。主要照顾者的工作方面也经常被打乱，"我经常请假，手忙脚乱地回应姐姐的求救"，"有时，父亲的事会导致我无法集中精力"，"我拒绝了多个优越的职业机会，就是为了不离开哥哥"。由于缺乏时间、缺乏精力、缺乏金钱，有时照顾者还会牺牲自己的休闲活动时间。他总感到不安，为自己，也为情绪不稳的亲人。

让娜和弗朗西斯受到儿子尼科埃尔的骚扰，他们解释说："我俩似乎受了罚，不得不去帮助我们的儿子。我们费劲心力做了一切，但最终却是一种双重惩罚：我们失去了健康，但没人在乎，连儿子本人都不在乎。没人帮我们……"

"没人帮我们"

接下来便会出现决裂。共生融合型亲人，如果属于不适应生活的类型，他就会觉得自己被扔下了，不得不独自去面对一直以来最怕的事：被抛弃。很多时候，他会经历漫长的流浪期和孤独期。与此同时，主要照顾者别无选择，只能尽力应付自己的悲伤、愤怒和失败之后的内疚。是否还有其他出路？

早在我成为心理治疗师并开始研究亲密骚扰和情感依赖问题之前，我也曾为"没人帮我们"而感到遗憾。那时的我相信，必须与那个亲人断绝关系，除此以外再无他法。他和我失去了联系，直到许多年后，我们才再次见面。他没有变，但我变了。这些年间，我找到了一些词语去描述之前那段关系，例如"骚扰""情感依赖""共生融合型成年人"。对于自己，我也有了一些关键性的了解，有一些东西彻底改变了。所以，我不再受到纯粹情绪反应的支配，我终于看到了新的可能。也许，我在重新帮助这个亲人的同时，能够避免把自己拖入毁灭性的关系之中。

我终于明白了，其实我也在依赖这个共生融合型亲人。以前，我在不知不觉之中接受了这种共生融合关系，所以才能让骚扰情形继续下去，甚至还为这种情形的持续提供了支持。所以，如果想要面对骚扰，如果想要了解骚扰情形的方方面面，首先就必须回答这样几个问题：对于共生融合型成年人而言，他的行为是由什么逻辑决定的？他是一个什么样的人？如何去理解他那种特殊思维方式？如何解释他的人格特点？他的依赖与无法独立自主从何而来？还有另外一个相当关键的问题，这也是本书的主题之一：作为主要照顾者，我们到底在多大程度上也是一个共生融合型成年人？

5
什么是共生融合型个体?

能否描述共生融合型成年人的心理特征？您可能想问，此类个体是否患有某种精神障碍？能否接受治疗？目前，精神病学已将几类相近问题视为疾病，特别是依赖型人格障碍、边缘型人格障碍和心理情感不成熟。

依赖型人格障碍

关于依赖型人格障碍，目前最常使用的定义之一来自《精神障碍诊断与统计手册（第五版）》(DSM-V)："依赖型人格障碍的关键特点在于，患者在许多场合过度需要他人照顾，由此引发顺从与'黏人'型行为，并引发对分离情形的恐惧。"《精神障碍诊断与统计手册（第五版）》制定者还提出了八条诊断标准：

● 在日常生活中，若无他人给出超过正常水平的肯定或建议，问题主体会出现明显的决策困难；
● 在大多数重要生活领域中，他需要由他人来承担责任；
● 由于害怕失去他人的支持或认可，因而他难以表达不同意见；
● 他难以发起计划或单独做事（由于对自己的判断力或能力缺乏信心）；

● 他极度关注能否获得他人的支持和帮助,甚至会主动去做令自己不舒服的事;

● 独处时,由于过度害怕自己无力应对,他会有不自在或无助的感觉;

● 当一段亲密关系结束或亲人离开时,他会急切寻找新的关系,以确保自己对照顾和支持的需求得到满足;

● 被人抛弃、被迫自力更生的恐惧会导致他产生一些不切实际的担忧。

如果上述诊断标准中至少有五条成立,就可将问题主体诊断为依赖型人格障碍。这种障碍往往伴随着自我怀疑、持久悲观、自我贬低、寻求被他人支配等行为。

但是,上述这些标准之间存在着怎样的联系呢?为什么这些情形会同时出现?大多数专家并没有解释这一点。但他们认为,该障碍源自儿童时期:"父母谨小慎微,总是在监督孩子,而孩子在受到过度保护、无微不至的照顾时,自主能力受到限制,这些因素共同造成了未来的依赖型态度。"[1]社会学习论也认为,依赖问题可能是在童年时期习得的,原因在于问题主体过度依赖父母,尤其是过度依赖"虐待型"母亲。除非依赖问题是由一次或多次创伤性早期分离引起的,否则问题主体在日后与亲人建立关系纽带时会很难产生信任感。还有人认为，某些儿童很早便与母亲建立起共生融合关系，之后一直难以跨出这一阶段；从某种意义上说，他们被钉在了此类关系模式中，无法走入完全独立自主的状态，而且当亲人远离时，他们会有一种难以遏制的被抛弃感。还有人认为，依赖问题的原因在于，问题主体在家庭中经常会受到暗中奖励制度的影响。在此类制度中，忠诚会得到奖励，而试图独立自主的行为则会受到暗地惩罚。之后，条件反射和认知扭曲过程又会诱发病态依赖。成年之后，"问题主体自视软弱、被动，认为自己无力影响事态，使其朝有利自己的方向发展"[2]。除此以外，近期许多研究还表明[3]，依赖型人格障碍往往伴随着其他障碍，尤其是情感障碍（双相情感障碍等）和焦虑障碍（社交焦虑障碍）。

很明显，通过以上描述可以看出，依赖型人格障碍的诊断标准覆盖了我们在之前章节中描述过的共生融合型个体的大部分特征。但是，我们也应注意到，该诊断标准中完全没有提及骚扰亲属、将自己置于危险境地、编造、嫉妒、情感矛盾的倾向，所以只有部分匹配。那么，另一种人格障碍——边缘型人格障碍——能否符合共生融合型个体的特点呢？

边缘型人格障碍

边缘型人格障碍的定义也来自《精神障碍诊断与统计手册(第五版)》，其大致特征是"人际关系、自我形象与性情方面存在普遍不稳定情形，且存在明显的冲动特征"。以下标准中如果至少有五条成立，就可认定问题主体存在该类人格障碍：

- 极力避免被抛弃的可能(包括真实的和假想的被抛弃可能)；
- 人际关系模式自相矛盾，在理想化和贬低之间鲜明切换，同一个人，有时可能被高估，有时可能被贬低；
- 个体身份不稳定，时有波动，价值观、目标甚至性取向都会突然改变；
- 有冲动行为，经常是可能为自己带来危险或导致自身毁灭的行为(过度消费、滥用药物、暴饮暴食、超速行驶等)；
- 经常做出自杀举动或自杀威胁以及自残行为；
- 情绪上尤其容易对外界变化产生反应并出现波动，经常出现重度烦躁或焦虑情形；
- 长期受空虚感困扰，总伴随着深重、持久的无聊感；
- 多次出现严重、不恰当且无法控制的愤怒情形；
- 偶尔会出现被害妄想等分离性症状。

边缘型人格障碍可能源自患者幼儿时期(6个月至2岁)发生的创伤事件。该年龄段被称为"分离-个体化时期",相当关键。在此期间,幼儿通常会与父母保持距离,以便构建与父母分离的身份。然而,许多问题都可能扰乱这一时期的发展:父母没有同理心或有暴力倾向、性攻击、羞辱、忽视、被成年人背叛、遗弃甚至寄养。在这种情况下,由于无法与亲人建立牢固且安全的关系纽带,幼儿会出现情绪不稳定和人际关系不稳定的情形,而且会难以忍受疏远、分离和孤独。一些专家还补充说,父母(尤其是母亲)会向幼儿传达一个信息:个性化过程(成为真正意义上的个体)会导致他失去父母的爱。于是幼儿就会排斥独立自主,自我意识也会改变[4]。

也有一些专家从生物学方面做出了解释。美国精神病学家奥托·F. 克恩伯格(Otto F. Kernberg)专门研究人格障碍。他认为,边缘型人格障碍有多个重要起因,其中一个可能在于患者天生具有攻击性。这种攻击性导致他无法正确调节自己的情绪,因而无法适应社会生活[5]。一些神经解剖学研究发现,此类患者的大脑中存在两个明显异常:杏仁核(大脑中的一个小结构,负责与恐惧相关的行为[6])过度活跃,且大脑皮层控制情绪的能力较低[7]。边缘型人格障碍经常伴随着其他综合征,特别是饮食问题(食欲不振、暴食)、抑郁、双相情感障碍、广泛性焦虑和成瘾问题(酒精、毒品、药物、性行为等)。这些问题可能也与其中的两个异常有关。

我们能否在边缘型人格障碍与共生融合型成年人之间建立某种关联？首先，我们可以注意到，在总体上，这两类情形具有相似性。边缘型人格障碍患者的人际关系不稳定，时有冲突，而且他们也会以自杀要挟，这似乎意味着他们有骚扰亲人的倾向。不过，尽管存在这些共同点，但我们仍能注意到一些显著差异。其中，最值得注意的是，共生融合型成年人的发怒情形没有边缘型人格障碍患者那么严重，也没有那么频繁。此外，边缘型人格障碍的定义并没有提到"难以做决定"这一情形。

心理情感不成熟

这一概念的特征相当有趣，因为它的构成元素分别来自上述两种障碍。

法国精神病学家菲利普·皮内尔(Philippe Pinel)[8]曾描述过一类人的特点，他们性情不稳，且停留在"超长童年期"。哲学家泰奥迪勒·里博(Théodule Ribot)[9]对这段描述进行研究后，于1896年提出了"心理幼稚症"这一术语。在他之后，又有人陆续提出相关概念，如精神幼稚症、情感幼稚症和幼稚型人格[10]。很久之后,到20世纪70年代,才出现了一个更加精确的概念:心理情感不成熟[11]。专家们发现,此类人存在下列特征:

- 患者主要表现为贪求情感,对人际关系难以感到满意;
- 往往表现出超强占有欲,要求亲人只能向他展现温情;
- 存在情感依赖问题;
- 无法独处,需要不断获得支持;
- 经常出现被动服从行为;
- 情绪亢奋,心情变动尤为明显;
- 难以忍受被迫推迟欲望满足的情形。

心理情感不成熟的原因可能在于情感发展停滞,与边缘型人格障碍的起因(早期创伤事件)属于同一类型。

可以看出,上述特征很容易让人联想到共生融合型个体的特征。然而,此处的对应关系依然显得片面,无法令人满意。这里依然缺少一些关键要素,例如自我贬低、抬高亲人、内心空虚感等等。

因此,共生融合型成年人似乎与上述已获精神病学承认的类别有着相当明显的区别。必须指出的是，存在共生融合问题的个体总是宣称自己没有个性，这一点也为描述其性格特征的工作制造了不少困难。共生融合型成年人经常觉得很难给自己下定义，很难描述自己的喜好、品位、兴趣和生活目标。此外，共生融合型成年人不仅有上述人格障碍的某些特点，还会表现出其他一些问题的特质。他可能会以肤浅的方式表达情绪，也可能有戏剧化倾向，因此让人联想到表演型人格障碍（极度寻求关注、戏剧化、挑逗等）；他可能害怕被人批评，害怕不能符合他人的要求，因此让人联想到回避型人格障碍（社交恐惧、害怕被人嘲笑等；在第7章中我们还会讨论这个问题）。有时，人格障碍也会叠加，所以类似问题的名单能够列得很长。然而，这并不意味着共生融合型成年人会同时存在下文即将讨论的所有障碍。他身上会存在某些障碍，也会缺少另一些障碍，或者说，某些问题表现得不够明显，因此没有构成障碍，只能算作性格特征。特别是适应生活的共生融合型成年人，某些特征会被他们补偿并隐藏，因此有时会难以分辨。

无论如何，把所有这些障碍列出来、摆在一起，这种做法多半无益于增进对共生融合型成年人的理解。所以，我们要改变视角，换用存在主义心理学的观点。也许你还记得，本书的参考框架正是存在主义心理学。

存在主义心理学的观点

存在主义心理治疗与其他类型的心理治疗不同,它的前提是:面对终极存在挑战时,每个个体都会采用不同的方式,而焦虑和精神上的痛苦便与面对方式有关。此处所说的终极存在挑战有四个:

死亡。人类生命是有限的,自我丧失是不可避免的。总有一天我们会明白这一点,在意识到这一点的那一刻还会生出恐惧感。

存在即孤独。我们每个人都独自来到这个世界,又独自离开。孤独是人之为人的一部分,没有人能陪伴我们。所以,无论有多少人围着我们、爱着我们,我们的意识始终是孤独的,在我们自己和他人之间始终存在着一段无法跨越的距离。

无意义。这个世界的意义何在?我们是谁?我们要到哪里去?此生我应该做些什么?没有人给我们提供过任何答案,我们多半也没办法参考他人,必须自己做出决定,同时永远无法确定自己是否选择了正确选项。

无定论。我们是自由的,似乎没有什么能够彻底决定我们是谁。因此,我们必须不断做出选择,同时还要意识到,我们要对自己的存在、对己之所是负责。

从幼年时期起，这四个挑战就对人的心智发展和运行产生深远影响。面对这四个挑战时，我们会不可避免地生出焦虑感，同时还想逃避这焦虑感。为了把这焦虑感从意识中赶出去，或者说，为了防止这焦虑感越来越大，大到无处不在，我们只好使用心理学所说的"心理防御机制"。例如，为了否认或化解死亡焦虑，我们可能会坚信死后也有生命，或者把死亡想象成睡眠，甚至认为死亡只属于他人。面对孤独带来的焦虑，我们可能会幻想自己能够与他人建立共生融合关系，相信自己与某个人之间存在一条特殊的关系纽带。人们也可能会以某种信仰，或者排斥任何自我反思，由此来否认无意义与"世界即荒谬"的挑战。最后，人们可能更愿意服从他人，用这种态度来避免做决定，避免承担决定产生的后果，由此来否认无定论及它所带来的责任。当然，人们还会利用其他许多心理防御机制来消解此类存在焦虑。现在，让我们看看，共生融合型成年人面对存在焦虑时会有何种表现。

共生融合型成年人的四个心理防御原则

共生融合型成年人在否认焦虑时，首先会去寻求与他人建立共生融合关系。换句话说，他拒绝成为独立个体，拒绝与他人分离，拒绝一切使之成为个体的东西。比起个人的"我"，他更喜欢集体的"我们"。"消融在人群之中"的感觉越强，逃避存在焦虑的可能性就越大。正如欧文·亚隆 (Irvin Yalom) 所写，意识到自己是一个真正意义上的独立个体时，就会产生"令人恐惧的脆弱感和孤独感，个体想要安抚这种感觉，于是，他会回撤，会拒绝个体化过程，会寻求共生融合，会消融在人群之中，会向他人臣服"[12]。

我通过临床研究找到并定义了共生融合型成年人在否认存在焦虑时的四类主要行为，其原则与口号概括如下：

不成熟原则："我不能长大。"主体一边拒绝成人的态度和外表，一边保留幼时的态度和习惯，有冲动行为，服从父母权威，难以面对挫折……

躲藏原则："我不能做自己。"主体积极寻求被他人支配，有退缩和自我贬低行为，因内心空虚和无聊而感到苦恼……

被动原则："我不能主动。"主体不愿做决定，不愿采取行动，他将责任委托给他人，倾向于把任何事都往后推，存在思维反刍、自我毁灭的问题……

依赖原则："我不能离开他人。"主体随时随地贪图情感且嫉妒心强，他难以说"不"，总是臣服于他人，拒绝与他人分离，混淆爱情与友谊，在欲望和性取向方面不稳定……

这些原则并不存在于意识中，也不存在于无意识中，它们是暗含的，包含在行为中，通过行动表现出来，但并非主体心中所想。所以，上述原则并不会以语句或思想的形式出现，只会表现在主体的行动和存在方式中。主体会想方设法确保自己不会长大、不会做自己、不会主动、不会离开他人。这一切都是他自然而然做出来的，他并没有真的去思考过，甚至没有想过自己能否以另一种方式生活。他之所以尝试与他人建立共生融合关系，或者说，他之所以抱有共生融合幻想（因为他对共生融合的需求是不可能实现的），从某种意义上说，都是因为他受到了习惯的驱动，并没有诉诸思考。

在接下来的章节中，我们将看到这四项主要原则如何体现在具体行为上，这些行为如何构成日常生活中的共生融合模式。我凭借长期临床观察找到了最常见且最有说服力的行为。因此，在描述过程中，我将以多个患者的案例和陈述为例。此外，我们还将看到存在主义心理治疗手段如何帮助共生融合型成年人面对他的依赖性，帮助他变得独立自主。请不要忘记，下文描述的许多特征不仅涉及共生融合型个体，也涉及受骚扰影响的所有人，尤其是主要照顾者。

6
拒绝长大

不成熟是一种状态，个体以该状态为起点，向成年人转变。"成年人"（法语：adulte）这个词来自拉丁文"*adultus*"，意思是"已经停止成长、长大的人"。问题在于，这个定义更多的是在说"成年人不是什么"，而没有说"成年人是什么"。所以，时代不同、背景不同、作者不同，这个词的含义也不尽相同。对生物学家来说，成年人是指有繁殖能力的个体；对法学家来说，成年人是满法定成年年龄的个体；对社会学家来说，成年人是指已经融入社会并已经就业的个体；在日常用语中，成年人是指承认自身选择、承担自身责任、遵守自身承诺的个体；对存在主义心理学家来说，成年人是指能够直面人生境遇并接受自身局限性的个体。

通常情况下，共生融合型成年人会假装自己是成年人。他们扮演成年人的角色，但却不知道这个角色到底意味着什么。有一个患者说得很清楚："上班时，为了显得像个成年人，我会穿严肃的服装，但我心里知道这只是一种伪装。事实上，这完全是一场骗局。在内心深处，我根本不觉得自己是个成年人。"许多共生融合型成年人都和这个患者一样，他们都想知道是否有某种方法可以让他们成为成年人。他们说，父母只是不停地告诉他们，"说到就要做到"、"你该长大了"、"你要对自己负责"。但"担负起自己的责任"这句话到底是什么意思？这无处不在的"责任"到底应该如何担负？以什么方式担负？

　　唯一的办法就是模仿成年人，希望能制造出假象。这点很重要。只有在设法扮演成年人角色（工作、为自己的行为负责、生孩子）时，共生融合型成年人才觉得自己是个成年人。不过，他仍然缺乏最关键的那个东西：内心深处觉得自己的确是成年人的那种感觉。所以，对他来说，真正的自我是曾经的那个孩子。"在心里"，他一直都是那个孩子。

内在小孩

　　福斯蒂娜30多岁，长得很漂亮。在共生融合型人员中，她属于行为明显幼稚的那一类。她总是装成八九岁的女孩，略有调皮。在心理治疗过程中，她说话的语调里会带着一种假惺惺的抱怨，变着花样地摆出各种诱惑姿势，举手投足间想要赢得对方好感，还会斜眼思考，就像私下里那样。她似乎一直在请求对方的保护、纵容。

　　无论是在亲友圈中，还是在工作环境里，大家都会叫她"小家伙"，就是因为她总是幼稚地噘着嘴。她承认她的确觉得自己像个"小家伙"，像是迷失在成人世界里的孩子。每当需要在会议上发言时，她就会发抖，还总是害怕做错事，不断向周围人寻求帮助。她总是觉得其他人比她"更成熟"，他们高高在上，总是处于评判或制裁她的位置。

共生融合型成年人经常让人联想到"彼得·潘综合征"。该术语由精神分析学家丹·基利（Dan Kiley）于1983年提出。他受到詹姆斯·M.巴里（James M. Barrie）的小说的启发，以这个术语来描述那些"永远长不大"[1]的成年人。彼得·潘综合征的特点在于，问题主体难以表达出与情景相符的情绪，喜欢把事情往后拖，难以建立满意的社交关系，有嫉妒倾向，缺乏自信。基利认为，受彼得·潘综合征影响的主体往往会对占有欲超强的母亲感到愤怒，同时过度崇拜父亲。

彼得·潘综合征通常会与另一个概念相关联，即当下经常被人提到的"内在小孩"。的确，有些人从表面上看似乎长大了，但内心深处却仍然不成熟。这两个概念都没有得到科学界承认。不过，不得不说，共生融合型成年人对成熟的强力反抗，恰恰是借助内在小孩的真诚假想来实现的。这种假想是一种心理防御，它往往出现于生命早期，起因各式各样。

的确，从幼年时起，每个人都可能会遇到不愿意长大的情况，这是面对焦虑时的一种隐性反应。父母的疏远、家庭中的丧事，甚至一些琐事，例如在街上看到了一只死鸽子，都能引发焦虑。发生于某些年龄段的生活变化也可能构成焦虑挑战，例如被交给保姆抚养、进入托儿所或学前班、弟弟或妹妹出生等。此类焦虑挑战可能会阻碍个体成长与成熟态势。父母很容易就能看出来，面对越来越严苛的要求，孩子可能用实际行动去实现继续当小孩的愿望。于是，他可能会退步，出现已经与其年龄不相符的行为，例如尿床、语言障碍、运动技能障碍等。

无论哪一种情形，面对拒绝长大的孩子时，父母的反应态度都很关键。例如，不愿参与的疏离型父母以及占有欲超强、令人窒息的父母都无法让孩子正确重归心理发展进程。那些归咎于孩子、亲子关系颠倒或者虐待孩子的父母，会让情况进一步恶化，阻碍孩子成熟。在共生融合型成年人的陈述中，我们不难发现诋毁型父母的身影。他们甚至会对孩子的身体及其发展成熟表现出厌恶之情，在孩子童年和青少年时期，他们也经常会说出有辱孩子人格的话语。此时，从本质上说，孩子收到的信息是："长大是不对的。"于是，他把"不长大"当作防御性生活准则，尤其是在与亲人相处的时候，他的防御态度更加明显[2]。

拒绝成年人的特征

否定成年人的身体

共生融合型成年人很早就明白，长大就意味着变老，最后就意味着死亡。因此，他不愿看到自己的发展变化，彻底或部分拒绝展现成年迹象。他这种拒绝成年人特征的态度，可能涉及身体特征、穿衣风格、言谈举止以及与个人身份相关的某些领域。许多共生融合型成年人都提到，他们对自己的男性或女性特质感到不舒服，对毛发、胡须、体形、化妆品、高跟鞋以及其他任何强调生理成熟的东西都感到不舒服。

所以，这些人否认的并不是自己或男或女的生理性别，他们想要否认或拒绝的是他们正在成为成年人这一事实。他们从外形层面上拒绝接受自己成长为成年人的身体。因此，大多数共生融合型女性喜欢宽松、实用、中性的服装，而许多共生融合型男性则反感过于明显的男性举止。

在情感关系和一般人际关系方面，共生融合型成年人更倾向于使用模仿、假装、改变语调等儿童式诱惑手段或方式，躲避与性行为有关的手段或方式。他表面上被动，不会主动追求。如果他没有彻底拒绝寻找伴侣，那么也可能只是等着别人来找他。

他们努力做出一副无害的样子，有时把自己藏在人群中，有时则表现出包容、助人为乐、温顺的个性。

延续童年时期的行为

拒绝长大还有另一种表现，即坚持不改变始自童年时期的习惯或常规。心理治疗师在咨询过程中经常能够看到一些成年人，他们无论年龄大小，都绝不与自己的毛绒玩具分开（深藏在包里，或者伪装成钥匙链）。还有一些人，他们依然会（偷偷地）吸吮拇指。这些成年人，往往害怕独自睡觉，一定要有收音机或电视机声音当背景音，或者开着一盏小夜灯[3]。在他们的世界里，到处都是对某些物品或某些人的具体或象征性依恋。

除了这些幼稚习惯外，我们还能注意到这些人的另一个明显倾向——冲动行为。共生融合型成年人几乎总是在抱怨自己难以对行动做出规划，难以坚持完成自己的计划，难以控制自己的情绪。冲动行为是一种无法抑制的行为，做出行为的同时会伴有解脱感和内疚感：从内心紧张中解放出来，于是感到解脱；在本该展现克制能力的地方屈服，于是感到内疚。

在冲动这个问题上，时间似乎也停在了幼年期。事实上，在成长过程中，随着幼儿对时间、空间、人际关系等概念了解的加深，他的冲动通常会逐渐减弱。在最初几年里，他只能意识到一小部分时间，也就是"当下"；之后，他会逐渐懂得区分上午和下午，昨天、今天和明天，等等。空间方面也是如此。起初，他的意识完全集中在他本人所在的地方；之后会扩大到家、街道、城市、国家、世界。人际沟通方面依然类似：起初，他只在意自己的观点；之后，他逐渐展现出考虑他人意见的能力，同时也会发展出同理心。因此，一个人对时间、空间、关系的理解越有广度，他计划自身行为、考虑其后果的能力也就越强。必要时，他也懂得如何去推迟满足不合时宜的欲望。

但是，在共生融合型成年人身上，空间、时间、关系这三个层面似乎都没有得到发展。当然，和其他人一样，他也能宏观把握世界这个概念，但他依然想尽办法生活在更小的宇宙中。他通过这种方式大力否认时间的流逝，否认时间必然指向死亡终点这一事实。与此同时，他还否认自己身体之外的空间。于是，大家有一种感觉，似乎他强行闯入了这个世界，就像那些专注于游戏的孩子，根本不在乎打破、打倒、打乱所经之处的物品，也不在乎伤到自己或打伤他人。他的思考范围似乎仅限于已经完成的行为、他所处的地方，似乎所有这些行为的影响范围只限于该行为本身。因此，他会闯入他人的个人空间，毫无限制，不够审慎，过于自来熟。

这种情形显然也会给共生融合型成年人带来痛苦。尽管他知道冲动和拒绝承担责任可以保护自己免受存在焦虑的影响，但他同样也会感觉到，这种盲目情形把他自己关在了令人窒息的世界里。此外，他一生中总会有那么一段时期，他会试着去抑制自己的冲动。这段时期相当值得重视，那时发生的事特别具有启发意义。

我之前讲过马库斯的例子。在某段时期里，他曾勇敢地尝试"走入生活"，并最终实现了独立。

马库斯找到了一份固定工作和一个住处，买了一辆车，结了婚，有了一个孩子。他取得了进展，开始相信自己已经走出来了。然而，这却是他一生中最焦虑的时期。接连成功让他感受到时间的不断前进，也把他推到了负责的成年人的位置上。很快，他就感到之前一直否认的存在焦虑突然袭来。正如一些患者所说，"接受时间流逝，意味着明白自己身处电动人行道上，将随着它一步步走向死亡"。面对这种焦虑时，马库斯的反应是逐渐陷入抑郁和情绪淡漠。尽管这种抑郁和情绪淡漠让他麻木了一段时间，但抑郁本身却愈演愈烈，很快就给他带来了痛苦和焦虑。他不知道如何摆脱这种境况，只能再次把躁动不安当作防御手段，也就是说，重新回到了冲动行为。

这一次，不幸的是，他的冲动行为很快就让他流落街头，还进了监狱。奇怪的是，监狱世界一点都没有吓到他。事实上，恰好相反。马库斯说，他在监狱里感觉之好，超越了以往任何时刻。也许有人认为他这句话只是挑衅，其实它相当符合逻辑。在监狱世界里（这是一个把成人当孩子的环境），他重新找到了一个封闭的世界。在这里，一切不断重复（拒绝时间流逝），空间狭小、封闭、划分明确（否认个人之外的空间），人际关系规则分明、容易预测（部分否认他人）。马库斯说："我那时感觉很好，平静、安宁。我会有一些自己的小习惯。别人决定我何时睡觉、何时散步、何时做这个、何时做那个。我从来没有焦虑过。我有自己的生活，日子一天天地过。被释放时，我感到非常难过。我怀念监狱，因为在那里我感觉到了解脱，受到了保护。在监狱里，我觉得自己解放了。"

出狱之后，马库斯又要为自己的生活负责了。于是，他又多次出现冲动行为：不计后果的过度消费、混乱的情感与性关系、流浪、争吵、小偷小摸、酗酒。亲人和社会不得不对他实施监督（建议、支持、陪伴）、控制（提醒、警告），甚至制裁（减少帮助、训斥）。所有这些都无济于事，只是让马库斯在依赖模式里越陷越深。

通过马库斯的这段经历我们能够看到，冲动行为（及大多数共生融合行为）能够在多大程度上导致问题主体将亲人（或社会）强推到父母角色上，而共生融合型成年人又会陷入重复循环之中。当然，并非所有共生融合型成年人都像马库斯那样，有那么多的麻烦事，但是，他们中的每一个都在不同程度上处于同种关系之中。我们之后还会讨论这个问题。

现在，让我们去看看心理治疗环节，看看存在主义心理治疗练习如何帮助患者走出这一恶性循环。

心理治疗环节

心理治疗环节同时涉及共生融合型亲人及其指定照顾者，其目的是引入一些变化，让双方都能从情感依赖中解脱出来。从根本上说，心理治疗的关键依然在于学会对自己负责，不再将共生融合当作心理防御手段。

我要强调的是，存在主义心理治疗的目标不是让患者理解某些总体概念，也不是向他灌输这些概念。存在主义心理治疗必然会导致他本人的深刻变化。但是，很多人会对这种治疗立场产生顾虑。所以，此处我必须强调，这种治疗方法绝对不会让一个人变成另一个人。在存在主义心理治疗中，改变的终极目的不是变成另一个人，而是终于敢做自己。

第一个心理治疗案例来自福斯蒂娜。

正如上文所讲，福斯蒂娜保留了某些童年特征。最典型的一点是，她在讲话时经常奶声奶气，或者说，她会用小女孩的嗓音——需要他人帮助、保护、溺爱的小女孩。她自认为这只是个性特点，不值得在意。在她看来，装成孩子只是一种有趣的沟通方式。不过，尽管福斯蒂娜已经是成年人了，但她仍然不敢直面自己的存在，所以才非要像小女孩一样生活。她的童声之中包含了一个隐性目的：创造足够的条件，使别人能够照顾她、保护她。别人在大多数时候的确就是这样做的。于是，福斯蒂娜就更觉得自己真是个"小家伙"了。

福斯蒂娜同意做一个看似简单的练习：从现在起，在工作中要避免使用小女孩式嗓音，转而使用自然嗓音。那是一个相当动听的成年女人的声音，而且还相当低沉沙哑。最初几次尝试甚至令她产生了阵阵焦虑。但这种焦虑恰恰说明，她已经在一定程度上成功脱离了对共生融合的追求。对她来说，用成人嗓音说话意味着生活中不再有保护网，不能再去事先确保获得他人的纵容与支持。几个月之后，她成功改变了别人对她的看法。他们开始更加信任她，让她承担新的职责，这种情形提升了她的自信。

只要改变行为，就能显著改善情感依赖和依赖他人的倾向吗？当然不是！如果"只是因为心理医生建议"，于是强迫自己做练习，那显然是不会产生任何治疗效果的。患者不仅要对练习认真负责，还要努力接受自己的脆弱。从始至终，练习的目的就是让患者意识到，不可能永远逃避存在挑战（死亡、孤独、无意义、无定论）。

另一个例子来自35岁的米拉：

这个年轻女人觉得自己"一无是处"，觉得自己的生活也"毫无进展"，因此很痛苦。她单身，住在一室一厅的小公寓里，主要伙伴是一只大毛绒猴子，名字叫琪琪。那是她出生时父母买的。她说："我无法与它分开。我们每天都交谈。准确地说，我对它说话，然后想象它会怎样回答。它是我的一部分，是我生活的一部分。当下我心情不好，我觉得它可能在鄙视我，或者可能正在伤心。它生我气了。我知道它只是个毛绒玩具，但是在我眼里它的确生气了。我觉得，它也有情感，所以我整天都在想这件事。当然，我不能告诉任何人……"

与物品之间建立密切关系这种情形并不罕见。此处关键依然在于维持"永远长不大"这个假想。之所以假想，就是为了不去承认成年人身份。几个月来，米拉拒绝与毛绒猴子分开，她相信自己完全没有能力与它分开。后来，突然有一天，她把它放到了副驾驶座位上，开车去了父母家。一路上她都在流泪。对她来说，这是一个重要时刻。在后来的心理治疗中，她说，她已经想明白了，必须把童年交还给父母，把童年留在父母家，然后开始自己的成年生活。

我们每个人都可能为某件物品赋予某种情感价值，这样做没错，但上例中的分离并不属于这种情形。我必须再次强调，本例的关键在于，不再否认自己的成年人身份，并通过行动加以证明。

服从于父母的权威

拒绝长大也意味着在成年后想方设法继续依赖父母或原有照顾者。因此，几乎每次遇到日常生活事务的时候（洗衣、修理、办理行政手续和证件等），共生融合型成年人就会不停地要求建议、帮助、协助，此外还会在生活方面要求支持（索取钱财或物品）。他会想办法让别人托着、带着自己，让别人来给他指路。患者常常会说："向身边人征求意见总是应该的嘛！"这么说没错，但是他所说的"寻求帮助或建议"，实际上是在索要授权。实际上，共生融合型成年人就像孩子一样，觉得自己不能主动采取行动。

索取授权

洛雷特努力想以雄心勃勃、活力充沛的成年人模样示人，但她身上的一切都表明她还是个小女孩。首先是着装更像青少年，而不像28岁的女人。她发型端庄，妆容极简，姿态羞涩。公寓装饰和布局也是如此，里面满是各种幼儿喜欢的小玩意。除此以外，洛雷特还会让父母替她办理各类事务，例如，为她的汽车投保，选择家具，为她支付某些开销。虽然她表面上过着独立成年人的生活，虽然她也工作，也承担许多责任，但她仍然活得像个未成年的孩子，从未真正离开过父母的家。因此，她觉得，如果没有父母的建议和同意，那她就无法采取任何行动。吃什么才健康？应该买什么类型的吸尘器？对同事的此类话语应当做何反应？洛雷特总是想办法让父母来为她做决定，父母若不在身边,她则会感到无比无助,甚至连一件十欧元的针织衫都买不了。她说:"在去商店之前,我甚至会做一份市场调查,花几天时间比较价格。之后,我可能会在商店里待一个小时,手里拿着表,在货架间走来走去,比较着,犹豫不决。最后,我慌了,如果没有人指点我,我就会不买东西直接离开。我害怕相信自己。"

很明显,共生融合型成年人需要的不是建议,而是授权。他坚持拒绝长大,也坚持询问父母:"你允许我做这件事或做那件事吗?"对此,父母会给出授权,但更多时候还会把命令伪装成建议。这种情形非常适合共生融合型成年人,这样他就不用负责任了。

被父母禁止的行为

显而易见,在这种情况下,共生融合型成年人在摆脱父母控制方面会遇到很大的困难。当然,有一些成年人会说,他也常做父母不会同意的事(吸烟、喝酒等)。不过,在做这些事的时候,他表现出来的绝不是独立自主的精神。事实上,无论他是否还服从父母,他行事的基点都是父母的意愿,他依然在通过父母的视角来思考世界。真正的不服从应当是承认自己的选择并公开说:"这就是我想要的。"

相反，就算是他违背父母意愿时，内心也知道自己不应该那样做——这一点恰恰证明了他的彻底服从。所以，经常能够看到，某些患者年龄已经很大了(有些已经60多岁了)，但吸烟、喝酒的时候还会瞒着父母。其实，本来不应该有任何禁令了，但他依然会有违抗禁令的感觉，还会有强烈的过失感和内疚感。

其实，共生融合型个体相信，成年生活所涉及的一切对他而言都是禁止的，贸然闯入是严重的僭越行为，不仅会违背他假想中的父母期望，还会违背他本人对长大的拒绝。因此，他不允许自己去做成年人的任何特有举动(结婚、谋生、生孩子等)，这一点根本不足为奇。就算他试着做了，他也会想办法让自己陷入失败境地(离婚、失业、难以承担父亲或母亲的角色等等)。在这个时候，从某种意义上说，他又变成了父母的孩子。儿童般无条件服从于父母权威，这种情形当然会让他的成年生活写满失败与不稳。

习得性无助

共生融合型成年人的原生家庭中，父母出于恐惧、僵化或占有欲而表现出尤为明显的控制欲，几乎不给他任何自由空间。在父母看来，孩子不值得信任。他们担心他会受伤，或者会引发某种灾难。他们既不考虑他的意见，也不考虑他的感受。他的自发行为总是遭到阻止与纠正。他总是被监视、被窥视、被盘问。父母很少尊重他的隐私，会毫不犹豫地拆看他的信，查他的电话，质问他的朋友，甚至在他成年之后也依然如此。孩子既无法成长为与父母不同的个体，也无法独立自主，于是，他只能把自己视为父母身体和意志的延伸。他学会了不再主动行动，不再去感受自己的情绪，不再去考虑自己的欲望。

长远来看，这样的家庭环境会导致心理学上所说的"习得性无助"[4]。该术语是指因反复失败、无法控制身边事态而导致的放弃状态。习得性无助这种情形会对儿童和成年人造成影响，使其难以在行为与后果之间建立联系，同时会导致低自尊、难以努力的情形，最终导致抑郁情绪。不出所料，这些都是共生融合型成年人的常见症状。

父母的指示

以上还不是全部。共生融合型成年人的世界观在形成过程中，往往受到了父母指示的严重影响。父母指示是指反复强调的信息，此类信息以尤为消极的方式日复一日地塑造着他的个性。父母指示会带有以下信息，如"你自己一个人是做不到的"，"我命令，你服从"，"交给我吧，这样更快"。

沟通分析治疗师鲍勃(Bob)和玛丽·古尔丁(Mary Goulding)曾指出父母指示的十二种基本形态。沟通分析治疗专家吉萨·贾维(Gysa Jaoui)又增加了第十三种。从本质上说，这些针对儿童的指示具有绝对禁止的含义：

1."你不存在。"（也就是说："不会考虑你的，你接受这点吧。"）
2."别那么特立独行。"（也就是说："你要向父母建议的模范看齐。"）
3."别像个孩子似的。"（也就是说："你要对我负责。"）
4."你不能长大。"（也就是说："你不能独立自主，不能离开我。"）
5."你不能成功。"（也就是说："不要胜过你的父母。"）
6."不许做。"（也就是说："行动是危险的，你接受这点吧。"）
7."你没有任何价值。"（也就是说："你要接受：你一点儿都不重要。"）
8."不能爱上别人。"（也就是说："你要留在家里。"）
9."不能亲近。"（也就是说："不要相信任何人。"）
10."不能健康。"（也就是说："你要把父母视为自己的保护者，还要证明这一点。"）
11."不要去思考。"（也就是说："不要质疑父母的禁令。"）
12."不要有任何感觉。"（也就是说："斩断自己与情绪之间的连接。"）
13."不要知道。"（也就是说："要被动，要依赖。"）

这些指示表达的全都是父母对孩子的掌控，会导致孩子出现共生融合倾向。除此之外，父母还会给出另一些

"悖论指示"，它们则可能导致孩子出现严重的精神障碍。悖论指示的概念是由格雷戈里·贝特森 (Gregory Bateson) 提出的[5]。此类指示的经典例子是"自然点"。无论谁收到这条指示都不可能照办，照办了就不自然了……父母通常会以相当微妙的方式来给出这些内含冲突的指示，所以孩子并不会注意到冲突之处。母亲可能一边指责孩子不够亲热，一边又阻止他或不鼓励他靠近，或者总是以各种借口将孩子推开，"现在不是时候""我很热"等等。

当然，任何孩子都会收到一定数量的父母指示，大多数人总有一天会去质疑这些指示正确与否。可共生融合型成年人呢，他们似乎会永远接受这些指示。

高不可攀的榜样

有些父母摆出的榜样似乎高不可攀，具有压倒性优势，这种情况会进一步加剧孩子的被动服从与无助感。一些共生融合型成年人会把父母描述为严厉的法官，说他们喜欢压制人，从来都不满意，吝于赞美和鼓励，总是要求孩子做得更好。不过，许多共生融合型成年人还是会过度崇拜父母，赞扬他们有智慧、有审美、有才干。他们相信自己永远也无法与之媲美。

诚然，共生融合型成年人需要相信父母是全能、无可匹敌的，这样他就能安慰自己，安于"永远长不大的孩子"这个身份了。但父母摆出的榜样让他着迷，于是他也会不由自主地想要获得父亲和母亲的某些个性特征，至少是为了增强自己和父母的家庭忠诚感。此时的他，两种互相矛盾的倾向在心里打架：一方面，他要像父母；另一方面，他又不能像他们。悖论情景再次出现，阻碍坚定人格的形成。共生融合型成年人常说他不知道自己是谁。一方面，这一情形当然令他痛苦；另一方面，这一情形也帮了他一把。人格不确定是童年期和不成熟的特征标志。

继承自父母的共生融合倾向

有时，顺从和依赖型成年人在成长过程中，其家庭环境会鼓励密不可分的沟通方式。一切互动以过度团结为原则。父母中至少一方可能存在共生融合乃至骚扰倾向。例如，他可能表现出超强占有欲、控制欲、嫉妒心，他会肆意插手他人生活，总是在过度担忧，情感方面需求多，存在亲子关系颠倒情形。家里的门从来不关，人与人之间界限不清。家人可以畅所欲言，有时也会恶语相向。孩子的任何疏远，无论是远离（不与家人互动、离开家庭）还是不再听从父母管束（自己做决定），都会遭受愤怒、悲伤以及各种形式的情感勒索（包括自杀威胁）的制裁。一切决定都要经过集体，这样才能符合父母心愿。

共生融合型成年人把这种无隐私状态融入了自己的生活方式。他习惯于毫无保留地吐露心声，对家人过于坦白。上文中提到的洛雷特就是这种情形。她都快30岁了，但还是会每天给父母打几次电话，向他们报告自己的行踪。她每周都会交给父母一份日程表副本。这样，父母就能清楚地知道她在哪里，每时每刻都在做什么了。

她说："如果我做某件事但没有告诉他们，我就会感到焦虑，会觉得自己有危险，胃里面堵得慌。所以我才会告诉他们一切，这样做能让我安心。我很清楚，我现在的处事方式仍然和小时候一样。"

许多共生融合型成年人都像洛雷特一样。他们小时候，父母害怕他们脱离自己的控制，总是过度保护，直到他们成年之后仍是如此。

洛雷特说："25岁之前，我甚至从来没有想过傍晚出门。那时我有一个男朋友，但我们两个在我房间里见面时，门是开着的，我俩就像两个乖孩子。"

因此，在很大程度上，父母决定着孩子的未来，包括学什么专业、做什么工作，甚至包括选谁做伴侣。他们的意见不会引发抗议，直到孩子成年后坚决表示拒绝干涉的那一天。

心理治疗环节

接受长大，意味着违抗父母，更确切地说，意味着能够在父母面前坚持自己的想法，就算让父母失望也要坚持。这也意味着必须主动拒绝父母的权威与保护。每天都有很多机会来实践这一点。例如，不再总向父母征求意见，或者不再把自己的所有行动都告诉父母。共生融合型成年人也可以试着不再接受父母的物质或经济资助，因为恰恰是这些资助牢固维系了从属关系纽带。正因如此，许多成年人仍然会把自己的脏衣服带回家，交给母亲清洗与熨烫。还有一些人，他们开始挣钱养家后，还会让父母来支付他们的房租、电费或电话费。把自己的银行账户与父母的账户相关联这种情形也极为常见。这样一来，父母可以监督资金的流入流出，并毫不犹豫地对消费或透支提出意见。

走向独立并向父母明确表示距离，对共生融合型成年人来说困难至极。"我怕他们不理解"，"我觉得这会伤害他们"，等等。其实，脱离管束的主要障碍明显在于他害怕自己不再是父母的孩子。所以，我总会提醒，成年之后，从技术层面上说，我们依然是父母的儿子或女儿，但我们不再是他们的孩子了……

22岁时，保罗感到迷茫。他不明白为什么生活会如此艰难。他与人合租了一套公寓，有时能找到一份零工，但从来无法坚持下去。他的个人卫生情况相当凑合，房间很乱很脏，室友们总是会责备他。此外，他焦虑发作和发怒的频率也越来越高了。

在接受心理治疗的头几个星期中，他只是一味愤怒，一遍又一遍地重复自己对父亲的失望之情。保罗6岁时，父亲就离开了家。他们之间的联系仅限于偶尔打个电话。保罗说："父亲从来不给我打电话，总是我打给他。他不记得我的生日。对他来说，我似乎是不存在的。他总是承诺会给我打电话，但却不遵守诺言。"

某次心理治疗过程中，我看保罗张口闭口只有父亲，于是决定每次都用同样的话回他："您已经不是6岁的孩子了，保罗。"可保罗依然在做思维反刍，揪着这个问题不放。最后，他发怒了："您根本不听我说！您不是在帮我！我正在给您讲，说父亲不关心我，可您却说别的事！那和您讲这些还有什么意义呢？"

"您已经不是6岁的孩子了，保罗。"

保罗声音越来越大，开始大喊大叫，准备摔门而出。就在这时，突然间，他泪流满面。他想明白了：没错，毕竟他已经不再是6岁的孩子了。

这个想法突如其来。父亲的身份没有变，但保罗自己的身份却变了。如果他终于能够接受自己的成年人身份，不再把自己视为孩子，他就不需要去拼命追赶父亲了。他就终于可以投身于自己的生活、继续向前了。

拒绝家庭发展变化

随着时间的流逝，家庭中会发生各种变化，这事一直缠着共生融合型成年人不放。父母在变老，兄弟姐妹(或朋友)在学业上取得进步，于是他必须离开家庭并去追求自己的生活。每当意识到这一点的时候，他就会焦虑万分。成年前后，他会有感觉，觉得自己也应该像别人一样离开家庭这个避难所了。往往就是在这个时候，他的过度共生融合倾向就会暴露出来。在此之前，父母的权威、家庭环境、某机构(如学校)的管束是他的定心丸，所以在别人眼里他似乎是独立自主的。但是，随着离家时间的临近，他个人方面的困难越积越多。尽管如此，有时他仍能保持某种平衡，有时则会陷入情绪淡漠，什么都不做，或者把自己关在房间里玩电子游戏、看电视或睡觉。他的状态经常与抑郁症发作相类似。许多时候，他会以职业上的意外事件或失败为借口，于是不再去找工作，不再去实现完全的独立自主。但是，当他最终被推出家庭，不得不像其他人一样独立生活的时候，骚扰行为就会出现。从许多角度来说，亲密骚扰就是家庭生活的延续，只不过换了些方式而已。

怀念以前的家庭

共生融合型成年人可能陷入常年情绪不稳的状态，给亲人带来负担；但他也可能会最终稳定下来。无论他属于哪种情形，他那从小就养成的行事方式，但凡有人想去改变，都会遭到他的强力抵制。首先，如果父母遇到困难，无论是真实的还是他想象的，那么他都会牵挂万分，想办法为他们提供帮助。在情感依赖程度较为缓和的情况下，如果违背了父母权威，如果与其他家庭成员发生争执，那么他都会想办法弥补。如有必要，他还会充当父母的中间人、信使、辩护人。例如，当兄弟姐妹各奔前程的时候，他会想办法保证家庭之间的联系。

加斯帕尔就是如此。40多岁的他，仍不承认家庭成员离散这一事实。弟弟如今已经远离了家庭，坚定捍卫自己的独立，完全不怕由此产生的摩擦与冲突。他住在另一个地区，很少谈及自己的事，回避过于牵涉隐私的问题。加斯帕尔的妹妹也按照自己的想法生活，不会做多少让步。只有加斯帕尔，他依然同意每周日与父母共进午餐，假期时间也全都献给他们，满足他们的所有要求。他是仅有的一个与所有家庭成员保持联系的人。他觉得自己有义务保持家庭团结。于是，他会定期组织节庆活动和团聚，汇报家人消息，出现摩擦时打圆场。

尊重家庭传统和习惯的行为不一定全都与共生融合倾向有关。但是，在许多情况下，共生融合型成年人之所以去护卫家庭传统与习惯，是因为他需要去否认家庭（他小时候所知道的那个家庭）已经不复存在这一事实。其实，他只是不愿承认自己的童年已经结束了。

为了让童年延续下去，唯一的方法就是家庭聚会。事实上，这些家庭聚会能够让他重温昔日的小家庭，看到父母还在扮演父母的角色、孩子（已经长大成人）还在扮演孩子的角色之后，他就安心了。

以理想化的目光看待老辈

拒绝长大也表现在以理想化的目光看待与家庭有关的

一切。除了迷恋父母之外,他还经常对老辈存有强烈的依恋感。不过,对祖父母的兴趣是一种心理防御,大多数情况下只停留在表面上。重要的不是细致入微地了解祖父母生活的方方面面,而是他有祖父母这一事实。而且,祖父母年纪越大,共生融合型成年人就越是感觉自己还小。归根结底,他追求的是对比效应,只要他觉得自己还"小",那就不会长大。

尤为迷恋祖父母、父母、家庭以及与之相对的童年世界,这种倾向可能有许多表现。例如,喜欢存档老照片和老视频(有时甚至发展为强迫症),对族谱感兴趣,保存祖传物品,经常回到童年时去过的那些地方[6]。此类兴趣可能扩展至老年人世界和幼儿世界,这两个世界之间的关系将再次产生对比效应。

没有能力创建自己的家庭

当然,拒绝家庭发展变化这种行为与拒绝个人发展变化有关。即使受到形势所迫,共生融合型成年人也绝对不会真正离开原生家庭,否则就意味着他已经成为事实上的成年人了[7]。所以,他即使住在自己家里,也会常回父母家,与他们保持联系,拜访他们的次数超乎寻常,或者在他们家里留下各种个人物品,以标记自己的存在。通常情况下，在这方面他至少得到了父母一方的支持，即和他一样也有共生融合特征的那一方。

在这方面，加斯帕尔的案例很有代表性。母亲原样保留了他的房间，还保留了他弟弟和妹妹的房间。离家20年后，加斯帕尔每次回家依然可以看到：衣柜里挂着自己青少年时期的衣服，架子上堆着高三的笔记，青少年时期亲手贴在墙上的那些照片也还在，再加上那些旧课本，谁看了都会觉得他从未离开过家。

除了物质层面上的这些小安排之外，共生融合型成年人还会禁止自己去谱写人生，禁止自己建立新家庭，禁止自己结婚，禁止自己生孩子，禁止自己拥有一份真正的工作。必须说，疏远父母时，他就会产生背叛家庭的感觉。不过，把自己关在家庭这个小圈子里，他有时也会感到窒息，甚至也会觉得自己的个性被稀释到了令人担忧的程度，会因为自己在"浪费生命"、没能以成年人的身份实现自我而有强烈内疚感。于是，他偶尔也会走出家庭去实现自我，由此得到某种程度的安慰。不过，在实现自我的过程中，他也不会独立自主地行动，而是会让情势（遇到的人、偶然事件）带着自己走。无论属于哪种情况，通常而言，他都会再次陷入瘫痪状态，在离开和留下的欲望之间徘徊。这种情形会导致靠近期和远离期交替接续出现。

来自依恋理论的启示

在靠近和远离父母之间摇摆不定，依恋理论对这种情形给出了宝贵启示[8]。该理论指出，从出生时起，孩子就会与照顾者（特别是母亲）发展出某种类型的依恋关系。值得注意的是，此处"依恋"是指在压力状况下寻求亲近感的行为。所以，它与爱无关，只涉及安全感，以及在压力适度条件下在世界中、在他人之间继续发展变化的能力。

玛丽·爱因斯沃斯（Mary Ainsworth）曾组织过"陌生情景"[9]实验，揭示了令人诧异的情形。正是通过该实验，她分析并提出了三种截然不同的依恋类型。在这个著名实验中，母亲和她12个月大的婴儿进入满是玩具的房间。之后，按照事先计划，母亲会多次独自走出房间，之后再回来，而一个陌生人（婴儿不认识的人）则会在特定时间进出房间。实验目的是观察婴儿与母亲分离和团聚时的行为。

实验表明，儿童可分为三种类型：安全型依恋的特点在于，当母亲离开时，儿童情绪不稳，当母亲回来时，他又会寻求与母亲亲近；焦虑-回避型依恋的特点在于，分离时，儿童没有表现出情绪不稳，当母亲回来时，他会忽略母亲；最后，在焦虑-矛盾型依恋中，儿童对环境没有任何好奇心，他黏在母亲身边，在分离时表现出巨大痛苦，在母亲回来时拒绝与之接触。然而，一项研究[10]表明，焦虑-回避型和焦虑-矛盾型在很大程度上与依赖型人格障碍有关。另一项研究[11]表明，这两种依恋类型与心理情感依赖之间有很强的联系。所以，我们可以认为，所谓共生融合型成年人也属于非安全型依恋[12]。

众所周知，在生命最初那几年里，家庭环境对依恋类型的形成影响很大。焦虑-回避型儿童可能受到过父母的某种攻击。当他有需求时，父母倾向于拒绝，或以漠不关心的态度来回应。对于焦虑-矛盾型儿童来说，父母的反应往往难以预测，面对同一类型的需求，他们既可能接受并回应，也可能生气。于是导致儿童无法理解与亲人之间的互动，从而产生强烈的不安全感，进一步发展为社会适应不良，且较难形成新的依恋关系。

心理治疗环节

拒绝长大，拒绝在家庭之外建立自己的生活，这种情况有时也会以令人惊讶的形式表现出来。现在，我们一起去看看卢，她这个案例相当惊人。她从小就相信自己在生物学意义上无法发育成熟，因此永远无法成为母亲。

29岁时，卢意外怀孕。她说，这件事导致了她严重的焦虑发作。她觉得自己"还没有准备好去做母亲"。第一次心理治疗后没多久她就流产了。几周之后，她又怀孕了。这一次，她又说"是意外"。难以忍受的焦虑感再次向她袭来。一段时间后，她紧急住院，必须切除一个卵巢。第二天，医生告诉她，尽管如此，她仍然可以生孩子。

但是，卢想要孩子吗？她不知道。她说："至少现在不想要。"那么，她为什么不采取预防措施来避免怀孕呢？她也不知道。她只知道，一想到当母亲，她就会惊恐不已。她哭着说："这太可怕了。我甚至都无法照顾好自己，如果再来一个孩子，您能想象吗？其实，8岁时我就想过了，不要孩子。"

卢还记得，长大过程中她"极不情愿"，她觉得背叛了自己的童年。"无论是儿时还是现在，我都觉得成人世界很可笑。小时候，我已经看出来了，那是一个由表象、虚伪、谎言和妥协构成的世界。对我来说，长大成人意味着堕落！我想继续当孩子。"

事实上，这个年轻女人身上的所有迹象都表明，她在拒绝成年人特征：掩盖体型的中性服装，随意的发型，没有化妆。但她也没有朝男性化方向发展。她只是拒绝成人意义上的女性气质，拒绝将其作为自己的身份标准。她认为自己没有生育能力，这其实也是她那种彻底拒绝的态度的合理延伸，来自"孩子不会生孩子"这一逻辑观点。

然而，在心理治疗过程中，卢虽未明说，但她也开始怀疑"拒绝长大"这种态度，所以才会做了让自己怀孕的事。与此同时，她体内有些东西仍在拒绝怀孕。说起来似乎令人惊讶，但是有的时候，身体的确能反映出我们的优柔寡断和矛盾心理。

如何解决这样的情况？对卢来说，她需要接受自己是成年女性这一事实，也就是说，她必须放弃"女人－孩子"这种不确定状态。在此之后，治疗工作重点转变，我将去帮助她辨认、彰显、接受有助于定义自身身份的信号与行为。否则，她只愿意把自己定义为"人类"。事实上，这种方式并没有给自己下定义。她必须从笼统的高层次上降下来，降到更加具体、更有限定意味的层次上。这个过程给她带来了痛苦。她悲伤地说："如果我承认自己是一个女人，或者说，如果我承认自己是一个成年人，那么我会觉得自己被关进了某个空间，动弹不得。"

考虑到卢的抵触心理，为了实现逐步改变，治疗的第一阶段必须从外围人格特质入手，也就是说，先做出"从属于某个地区、某个城市、某个街区"的定义。第二阶段则试着去强调与成年女性身体（"我是一个女人"）、伴侣关系（"我有配偶"）、人生规划、职业直接相关的某些身份特质。她需要做的就是每天去承认这些特质，同时做出与之相应的行为。但是，在这个阶段的很长一段时间里，她都处于极不情愿的状态。"如果不知道到底想在这个世界上做点什么，那么又怎样去定义自己呢？如果我知道想做什么就好了，那样我就能承认自己是谁了。"这是心理治疗中的一种经典反对行为。不过，如果患者想要做出改变，那么他必须意识到，与其说"自己是谁"是我们发现的，不如说是我们选择的。所以，必须首先采取行动，做出选择。只有这样，才有可能知道自己是谁。同时，也要允许自己随时做出新的选择。

大家多半会有这样的共识：单单"知道自己是谁"并无法让人感到安心，因为这个想法显现出的恰恰是存在的任意性。"如果'我是谁'是由我自己选择的，那我如何确保自己没有选错？"答案可能会令人失望，即没有任何办法确保不犯错。所以自由和无定论才会令人如此焦虑。即使无法从绝对意义上证明选择的正确性，我们也必须承认自己的选择并承担相应责任。在下文中，我们还会再次谈到这个问题，去看看如何有针对性地定义自我。

有关"活不长"的奇怪预感

拒绝长大还有另一种表现：所有共生融合型成年人都

认为自己活不长。当然，共生融合型成年人的预期寿命与其他人群的预期寿命并没有什么不同，但他们往往认为自己活不到老年。谈及这个问题时，他们中许多人把自己的死亡年龄定在40岁到50岁之间，最乐观的也很少超过70岁。与法国人口平均预期寿命（男性为79岁、女性85岁）相比，这些数字可太低调了。

只是因为他们悲观吗？因为他们缺乏自信？觉得自己脆弱？对未来感到恐惧？这些可能是一部分原因，但不是全部。在陈述中，他们经常提到自己有一种真正的预感，一种提前知道人生短暂的感觉。例如，"我认为，40岁时我将死于咽喉癌。我确定自己活不过这个年龄"，"我觉得自己在50岁左右时可能会离开人世。我不知道为什么，没有什么特别的原因"，"我知道自己活不长"。

这些人大多容易焦虑发作，但奇怪的是，在说这些话的那一刻，他们并没有表现出特别地紧张。事实上，他们在谈到人生短暂的时候，看上去似乎相当宽慰。可当我要求他们做一项练习，让他们去想象自己能活得更久的时候，他们反而表现出焦虑迹象。其中一个，福斯蒂娜，甚至恐慌发作，要求立刻停止，至少15分钟之后她才平静下来……这种现象的确让人惊讶。不过，拒绝长大这种想法在共生融合型人格中已经根深蒂固。如果能考虑到这一点，我们就会发现，这种现象中其实蕴含着某种逻辑。

事实上，对大多数人来说，到了四五十岁的时候就再也无法否认自己的真实年龄了。维克多·雨果(Victor Hugo)曾写道："40岁是青春的晚年。"的确，40岁是对自己人生做出最初总结的年龄，是走入成熟的年龄，也是出现最初衰老迹象的年龄：白发、秃头、皱纹、身体性能下降。

简而言之，无论我们喜欢与否，到了40岁，我们都是成年人了。无论如何，这就是让共生融合型成年人如此害怕的原因。他否认、拒绝长大，所以在他的想象里，40岁之后就什么都没有了。事实上，他坚守幻想，认为自己能够永远活在40岁以前，认为自己生活在一个不断循环、永不发展变化的世界里。因此，对他来说，一旦过了40岁或50岁这个门槛，就不得不去接受作为孩子的自己的象征性死亡，之后还要去面对自己未来的真实死亡。因此，在练习中，当福斯蒂娜尝试去想象寿命变长的时候，恐慌发作了。她根本无法放下拒绝长大的态度，真实死亡这件事，她想都不敢想。

从以下案例中，我们可以看到，有关"活不长"的预感，其产生过程可能相当惊人。

康斯坦丁，52岁。他说："那是1996年。当时我33岁。一天晚上，我和几个朋友一起讨论千禧年。我突然产生了一种奇怪的预感，觉得自己活不到千禧年，在那之前我就已经死了。在那几天里，我因这种预感而焦虑不安。后来我就忘了。时间一年一年地过。2000年到来时，我得了严重的抑郁症，体重下降了很多。我把自己关在家里，什么都不想做，一直被焦虑困扰着。我有好几次想到了自杀，但多亏了抗抑郁药，一切又恢复了正常。后来，2003年，39岁的时候，我又陷入了短暂的抑郁。当时，我发现了一本旧日记，于是想起了1996年的那个预感。当然，我没有死，所以这种预感并没有成真。但在内心深处，我其实提前好几年就感觉到了，我知道2000年时会发生一些不好的事。这种情况怎么解释呢？"

其实解释起来很简单。康斯坦丁什么都没有"猜"

到。在此之前,他隐约认为童年和成年之界在37岁至39岁之间。所以,他并没有预感到短命,也没有预感到抑郁,他只是默默算出了彻底跌入成年时期的那个年份。不过,在他的大脑中,成年与真实死亡紧密相连。所以,到了年头,他就觉得一股强烈的死亡焦虑突然袭来,其实这种情况是合乎逻辑的。他之后的抑郁发作是一种心理防御反应。

应该指出的是,在这种情况下,抑郁并不是坏事。尽管抑郁会带来痛苦,但它也会带来好处:一方面,它减弱了患者对焦虑的敏感度,另一方面,它又象征性地上演了提前预知的死亡。此时的挑战在于如何度过这次象征性死亡,从而真正承认并走入成年人的生活。康斯坦丁必须下定决心,选择自己在社会中的位置,决定自己生命的意义,从而开始进行长期规划。

7
拒绝做自己

关于共生融合型成年人，旁人很难说清他到底是个什么样的人，甚至连他自己都说不清。他也承认，他不属于任何一方、不是任何人。他不知道自己是谁。他常感到空虚，找不到自己的位置。很多时候，他更愿意去往别的地方，去往另一个时空。他想消失，想离开，想逃避。从童年起，他就对现实生活不感兴趣，所以会花许多时间去脱离现实生活，沉入想象中的平行世界。某些共生融合型成年人的白日梦倾向相当严重。他们总在脑海里编造复杂的故事，将这些故事与他们当下正在经历的现实生活重叠，由此来填补无聊感。有时，他们真的会上瘾。有些人甚至会抓住一切机会独自在家，沉浸在白日梦里……

假想中的世界

把大量时间投入假想世界、忽视现实世界，对于这种奇怪倾向，心理学领域会用这样的词语来形容："过度且不适应生活的"或者"强迫性""白日梦或幻想行为"。心理学家对这种行为知之甚少。不过，自进入21世纪以来，人们对它的研究越来越多。埃利·索默（Eli Somer）[1]是最早关注这种行为的心理学家之一。在他的描述中，这种行为倾向于取代或严重干扰真实人际关系或职业职能。埃里克·克林格（Eric Klinger）[2]认为，某些人一天当中发生这种行为的次数可多达2000次，占他们清醒时间的一半！最近的一项研究[3]调查了447名经常受白日梦影响的人，由此发现了多条评判标准。首先，强迫性白日梦患者似乎不会将假想世界与现实相混淆，因此不能将他们归入精神障碍。不过，白日梦患者的确存在强迫性思维、注意力不足等症状。白日梦通常并非出于他们的自主意愿，且可能伴随刻板动作（拍手、摇头等）。当主体感到无聊或不愉快并且想要逃避时，通常会出现白日梦行为。但是，在主体可以自由支配的时间段内，白日梦也会发生。功能性核磁共振成像显示，大脑没有投入任何特定任务时，某些区域会处于默认激活状态；这些恰恰就是与白日梦有关的区域。白日梦有时会相当逼真，有时却充满幻想元素。不过，主体从中体验到的情感强度则可与真实情景媲美。

存在主义精神分析赞同神经生物学的研究结论：强迫性白日梦是逃避令人憎恶或无聊的现实的一种方式，并且与童年时期发生的某些焦虑事件有关。不过，白日梦行为也非常符合共生融合型人格的特点——他拒绝做自己，期盼共生融合，想要让自己消失，想尽可能地不存在。或者，用让-保罗·萨特（Jean-Paul Sartre）的话说，他倾向于把自己切换到"并非存在于此时此地"的模式，并以这种模式来"存在于此时此地"。

共生融合型成年人经常想要离开、消失，这种想法同时存在于白日梦内外。他总是向往遥远的地方，向往外国，向往世界另一头某个可以定居的地方。在他的想象里，"在那里"一切都会好得多，他再也不需要去面对"存在于此"这一事实了。不过，当真的踏上旅途的时候，他一定会发现，逃开了地方却逃不开自己。

这种逃离态度与某些作者所说的"对生命的恐惧"类似。这一概念与"对死亡的恐惧"并不相同。欧文·亚隆写道，对奥托·兰克（Otto Rank）来说，"对生命的恐惧是指害怕作为孤立个体而生存，害怕个体化过程，'害怕'积极畅想未来，'害怕'崭露头角"，而对死亡的恐惧则是指"对灭绝的恐惧，对失去个体性的恐惧，对融入整体的恐惧"[4]。在共生融合型成年人身上，对存在的恐惧占主导地位。"站在他人之后"这种从不明说的愿望就是它的表现。共生融合型成年人努力假装自己不存在于此时此地，以此来避免对此时此地做出任何承诺。显然，这种躲藏行为导致他无法找到自己的位置。

难以找到自己的位置与人格

共生融合型成年人总想否认这样一个事实：他在社会上拥有一个特定的位置。大多情况下，他并没有意识到自己的这种否认行为的存在。可是，无论他是否承认，他的确都拥有自己的位置。从他出生的那一天起，家庭、学校、朋友、社会就给他分配了这个位置。在不同人眼里，他有着不同的身份。而他所处的位置就是这些不同身份的综合体。这个位置首先是由环境强加的。之后，每个人都必须为这个位置赋予意义，塑造它，让它真正属于自己、适合自己。找到自己位置的人通常会拥有一份自认合理的工作、一张社会关系网、一些个人兴趣和一份人生规划。但共生融合型成年人往往会承认，上述这几条自己全都不具备。他不知道活着该做些什么，不知道该从事何种职业，不知道该朝哪个目标努力。他没有激情，很快就会感到厌烦，和朋友们在一起的时候也是如此。他觉得自己的生活总在原地打转，觉得自己在沉沦，而其他人却在前行。

总觉得自己多余

从存在主义心理学的角度来看，共生融合型成年人无法找到自己位置的原因，绝对不在于缺乏运气或缺乏想法。事实上，他之所以坚信自己没有理由占据任何位置，是因为对存在的恐惧。他事先就秉持这样一条准则：在他眼里，自己是多余的、无足轻重的、不合时宜的，他坚信自己不该处于此时此地。举个例子，当他身处公共场所时，他会倾向于靠边站，让其他人先通过或先使用设施。在日常生活中，他通常拒绝别人为自己着想，总去寻找靠边的角落，退到旁人看不到的地方，藏在他人身后。对他来说，甚至连打电话都是一场可怕的考验，他会止不住地去想，自己的行为会打扰别人，此外，他也害怕自己会结巴或做出些令人发笑的举动。

顺着这个逻辑，既然共生融合型成年人拒绝承认自己的位置，那他就会觉得自己侵犯了他人的位置。在他眼里，自己永远都是"客人"，所以必须去迎合他人的期待、他人的规则，尤其是他人的意愿。在与他人直接交流时，他几乎从来都无法做到发自内心。整个过程总是遵循着这样的模式：焦虑期待，犹豫不决，有可能会事先背诵文本，设计姿态，害怕打搅别人，害怕他人的评判，害怕自己会感到羞愧。

福斯蒂娜解释说："我会事先设想好一切细节。脑海中浮现出全部景象。剧本全都写好。当我与某人有约时，我会准备一份话题清单。我怕得要命，害怕自己脑中出现空白。当对方和我说话的时候，他说的内容我几乎全都听不到，因为我已经在准备接下来自己要说的话了。"

归根结底，在与他人相处时，共生融合型成年人就像是孩子：他试图在那个成人世界里装出成人的模样，但却觉得自己无论如何也做不到。他会有这样的态度，一部分原因来自童年和青少年时期的家庭环境。那时的他可能没有自己的空间和隐私。家人没有充分为他着想，或者他不知道如何赢得他人的赞同。他不得不迎合来自父母的专制、僵化且令人窒息的期待，无从开发自己的成长潜力及人格。于是，他努力发展出一套虚假人格，努力让他人满意，由此换取爱意与保护。

纵观心理学历史，许多心理学家都对过于迎合、总感觉自己具有虚假人格的个体进行过观察研究。母亲无法回应幼儿的自发要求，于是向其强加某种特定的存在方式，这种情形很可能是"虚假自我"的根源。在这种情况下，婴儿刚一出生，便出现了分离性心理防御反应：他着手构建表面上的自我，以臣服姿态迎合外界，同时迫使真实自我隐藏在内心深处。

心理学家、人本主义作家卡尔·罗杰斯（Carl Rogers）曾描述过这种倾向。在他看来，每一个个体发展出的人格都有一部分是虚假的，这是个体对由他人强加的条件（尤其是亲人强加的条件）的一种反应。幼儿很早就明白，评判一直都在，如果不顺从父母的期待，那就会经受惩罚或遭到拒绝。因此，他必须停止自发行为，把自己藏在迎合、服从的表面之下。长大成人之后，许多人依然会有这种感觉。

加斯帕尔讲道："我总觉得自己被困在戏服或硬壳里，它把我完全包起来了。我想知道怎样才能走出来，怎样才能脱掉这戏服，彻底去体验一下活着的感觉！"

难以界定人格

共生融合型成年人似乎在严格执行一条个人指示："我不能拥有人格。"他之所以坚信内在小孩的存在（这个内心世界经常被当作真正的自我），也是因为他在以微妙方式否定自己的人格。事实上，内在小孩是一个过于笼统的角色，它十分符合当今世界对儿童的看法。它与真实的、找到自己位置的、有自己个性的儿童毫无关系。所以，尽管许多患者会说自己心中有个悲伤的或受伤的内在小孩，但他们通常无法讲出这内在小孩的具体人格特征。可见，这总是挂在嘴边的内在小孩，其实只是共生融合型成年人飘忽不定的基本心态的化身。他认为："如果我不去当一个确定的人，心里就不会因为什么事而感到焦虑了。"因此，他不愿意通过职业、职责、爱好、特殊能力（艺术、体育等）来界定自己。

此外，共生融合型成年人经常不记得自己在青少年时期是否曾经把某个成人当作自己的榜样。他通常不会像其他青少年那样在卧室墙上贴上歌手或演员的海报。能入他眼的，最多只是些幼稚的虚构人物。奇怪的是，在心理学书籍中，很少有人提到过"几乎完全缺失成人榜样"这一情形。然而，这种情形值得重视，因为它证实了很早之前共生融合型成年人便已生出了"保持飘忽不定状态"的愿望。

在这一点上，卢的故事可以给我们带来惊人启发。几个月前，这个年轻女人出现了抑郁迹象。她不再工作，不再迈出家门，焦虑感蔓延，有时会恐慌发作。于是，她的伴侣不得不承担起两人的所有开销。在她本人看来，出生之前，人格问题——准确地说应该是"缺少人格的问题"——就已经出现了："我出生前一年，父母有了他们的第一个孩子，那是一个男孩。可惜，他只活了几天。然后就有了我。我还记得，当我还是个小女孩的时候，就有人给我讲过这件事，于是我决定不再当女孩，而要去当那个离开人世的小男孩。我这样做是为了取悦父母，为了安慰他们，让他们爱我。我一直像个假小子，虽然不具有男性特征，但也没有多少女性特征。如今，我不知道自己到底是谁。"

卢是否如她所说，把自己当成了她那个已经离开人世的哥哥？这只是她的假说。对于这种情形，存在主义精神分析提出了不同的观点。当然，在卢眼中，她之所以会把自己当成过早离开人世的哥哥，很可能是因为从中看到了机会，这种方式能够安慰父母，为自己争取到更多爱意。不过，她是不是也从中找到了一个永远不会长为成人的儿童榜样？是不是也从中发现了否定自己天生位置的机会？所谓天生位置是在她出生之前便被强加给她的：先当小女孩，之后成长为女人，最后再变成母亲。很有可能，出于对存在的恐惧，卢决定将自己置于模糊的中间地带。在那里，没人能说得清她到底是谁，她既在场，又不在场；既不是女孩，也不是男孩；尚未成熟，没有生育能力，从未有过任何职业规划；既没有死去，也没有活过。而且，她从来都不是真正的自己。

"不去做自己"有许多种方式。对此，许多存在主义哲学家都曾表示过兴趣。海德格尔曾谈到过"人们"这个词。在他看来，这个词毫无个性、笼统模糊，我们会借助它来摆脱存在焦虑。只要去做大家都做的事，只要去过普通平庸、循规蹈矩的生活，便能成为"人们"的一部分。这样就不需要去认识自己、定义自己了。这样的人不是一个真诚的人。萨特则提到了"自欺欺人"概念：如果对自己不诚实，就会把自己当作客体，否认自己的意识，继而拒绝做出选择。从这两位的说法中，我们能发现一种抹杀自我的意愿，也就是说，一种共生融合的意愿。当然，在日常生活中，我们的确会有内心斗争的经历，会有一些"存在失调"[5]的时刻。也就是说，我们渴望成为的人与我们通过行动所达到的自己之间存在差异。如果想要全面评估哪部分属于"人们"、哪部分属于真诚自我，就必须努力找一找，看看我们为了逃避存在焦虑，为了在存在挑战面前获得些许安心做了哪些事。并非为逃避而做的事，才有可能是发自内心的。

心理治疗环节

在描述自己是谁、描述自身感受的时候，有些人很难找到合适的词语。无论正在经历什么，他们都会习惯性地使用一些百搭表达方式，例如"还好""不太好""感觉不好""好紧张"，甚至"我不知道如何描述现在的心情"。这些词语通常没有什么感召力。与此相反，另一些人懂得精准表达自己感受到的每一种情绪，同时还能结合当下背景和周围环境。他们使用的词汇不仅丰富多彩，而且恰如其分、彰显个性。

为了研究这两种说话方式之间的差异，心理学家丽莎·费尔德曼·巴雷特（Lisa Feldman Barrett）创造了一个术语"情绪颗粒度"[6]，用来描绘语言在表达情感时的清晰度。"颗粒度"这个词借自摄影师。当摄影师评估图像品质时，会观察颗粒，即像素尺寸。颗粒或像素尺寸越大，图像的清晰度和精确度就越低。所以，我们也可以使用评论电视机时会使用的"分辨率"这个词。把同样的道理用在情感上，如果一个人只能笼统地描述自己的感受，如果他倾向于使用模糊、毫无特色的语句，就可以说他的情绪分辨率较低。如果他用词精确、贴切，就可以说这个人的情绪分辨率高。

为什么要提出这个概念？首先，临床观察表明，共生融合倾向占主导的人通常情绪分辨率较低（像素尺寸大）。其次，丽莎·费尔德曼·巴雷特的实验室研究表明，当情绪分辨率较低时，人们会以相当不合适的方式来应对他们遇到的各种情况，同时还会产生强烈的无力感。相反，当情绪分辨率较高（像素尺寸小）时，人们能够调节自己的情绪，进而调节自己的人际关系。他们能够精细思考并通过言语表达自己的感受，从而充分利用生活中的积极事件。他们也能更加轻松地解决负面事件，更好地控制自身压力。此外，在健康状况方面他们也明显更胜一筹。

在心理治疗环节之所以需要应用颗粒度或分辨率的概念，是为了使患者加深对自己的了解。事实上，丽莎·费尔德曼·巴雷特通过实验得出这样一条结论：情绪分辨率是一种"能力倾向，在学习与情绪有关的新概念、(……)学习新词及其特定含义之后，许多人都能提升这方面的能力。(……)如果您能把这些概念与日常生活相结合，那么您的大脑就会学着去使用它们"[7]。

从存在主义心理学的角度来看，如果能够引导患者对自己本人、对自己的感受负责，那么"开发情绪分辨率"这种做法会在较深层次上产生积极影响。它能产生非常强大的杠杆作用，所以早已为人本主义心理治疗师所用。心理治疗师可以在心理治疗过程中进行多种练习，帮助患者重新意识到此前断联的那些情绪，并为它们找到正确的称呼方式。事实上，无论发生了什么，许多共生融合型成年人都倾向于假装什么都没有发生，他们会隐藏自己的感受，有时甚至会否认身体上的痛苦。例如，一个患者总是把鞋带系得过紧。他的脚整天都在疼，但奇怪的是，他从来不去思考这种疼痛，也没有想过松开鞋带就能减少疼痛……这种事情也发生在皮带、领带上。还有一些人，他们会以某种痛苦的方式坐上几个小时，但根本不会去想能否改一改；或者，有些人会把他们不喜欢的饭菜吃得一干二净。类似例子数不胜数，它们的共同点在于："拒绝做自己"逐渐变成了自我遗忘。为了疏通情绪，存在主义心理治疗师会不断提出这三个问题："您感觉如何？""您在做什么事？""您想要什么？"正是在让回答越来越详细的过程中，共生融合型成年人学会了关注自己，重新与自己建立连接。

卑躬屈膝

害怕自己无法胜任

正式步入成年之后，个体就要面对"能否胜任"这一问题：能否胜任某个任务、某个期待、某项责任等等。但是，"胜任"到底是什么意思？如果从心理学角度来看待这个问题并援引多个患者的话作答，那么"胜任"的意思就是"以成人的姿态完成任务"。这里所说的"成人"是指典型的成年人。对于典型成年人是什么样的，每个人心中都有一个主观呈现，并会以典型成年人为标准来衡量自己的成熟程度。

在共生融合型成年人眼中，其他人总是"更加成熟"，更加具有"男性"或"女性"特质。而他总或多或少地觉得自己仍是一个孩子。不可否认的是，很久以来，他自动进入卑躬屈膝的状态，与他人建立起并保持一种儿童对成人的关系。在他的眼中，他人更像成人，更加成熟。于是，他想方设法让自己处于被他人支配的状态。从一开始，他就会顺从、跟随、应允、抹杀自我。于是，他人会代他做出选择和决定，也会把喜好与态度强加在他身上。他人会这样做，也有共生融合型成年人的功劳：后者总是在不需要感谢的地方去表达谢意，展现出一副和善、礼貌、谦卑的样子，还会不断道歉，甚至贬低自己，把温柔、恭顺做到极致。凭借这种卑躬屈膝的姿态（这的确是一种姿态），他就永远没必要去真正做自己了，所以也就逃避了自己的存在。

面对生活时的无力感

所以，面对存在困境时，共生融合型成年人会表现出强烈的无力感。他总觉得，自己什么都做不到，什么都克服不了。例如，"我早就知道自己根本做不到，所以也就不去尝试了"，"这不是我的错，事情不在我的掌控之中"，"我的生活就是这样的，我无力改变"。

一定要认清这一点：早在面对现实考验之前，他就已经屈服且认命了。不过，共生融合型成年人不承认自己有这种姿态，他会给自己找原因，认为他本人的状态完全是由外部因素决定的。所以，他心甘情愿地相信，面对遗传、历史、教育、社会等多重决定因素，他本人是无法改变自己的。

他抛弃了自己本应承担的责任，所以才会认为自己需要依赖于其他一切事、一切人。借用多位存在主义思想家的话：他认为自己是生活的"无辜受害者"。他之所以将自己视为"受害者"，是因为他不承认发生在他身上的事源自自己的行为，在他的眼里，他只是在被动承受而已。他之所以将自己视为"无辜"，是因为他没有做出过任何选择，当然也就不必承担任何责任了。在他看来，生活就像一系列不公正的事，或者一系列或不幸或公平的巧合。在他的眼里，之所以会有不尽如人意的爱情生活，是因为他天生没有能力去爱别人或者被别人爱；之所以会遇到职业挫折，是因为命运的打击、同事的卑鄙。在他看来，任何挫折的根源都在于运气、家庭环境、星座、命运或神的旨意。总之，他的生活就像六合彩，怎么玩都是输多赢少。

不难看出，否认责任这种行为虽然能够为他提供一些保护、避免存在焦虑，但同时也会带来不满和痛苦。不过，说到底，如果打个比方的话，一边拒绝点菜，一边还要抱怨眼前的餐食，这样总是不合理的吧。此外，由于共生融合型成年人拒绝成为自己命运的主人（至少在他能掌控的范围内），因而他就会自暴自弃，凡事都等他人来做，甚至等待超自然力量（例如机遇、宇宙、守护天使等）来保护自己。

奥斯瓦尔德，46岁，出租车司机。25岁之后，他多次出现极其严重的恐慌发作。"我总担心亲人会出事，尤其是我的女儿，她现在10岁出头。我一听到救护车鸣笛声，就会想到她，就会焦虑不安，我会尖叫、哭泣，最后被送入急诊室。"

请注意，在包括上例在内的许多案例中，共生融合意愿意味着共生融合型成年人否认自己与自己之外的世界之间存在任何界限。在否认的过程中，他把自己关入了一个可怕的恶性循环。他把所有责任都交给了别人，放弃了对自己生活的控制，于是他只能听从事态的摆布。任何事情都可能发生，包括最坏的事情。一想到这里，他就会产生巨大的焦虑……

但这并不妨碍共生融合型成年人四处寻找能够支配自己的人或事。通常情况下，共生融合型成年人会选择某个亲人,默默赋予他"主要负责人"的角色。他的目标可能是父母、配偶、子女、上司等等。在大多数情况下,后者并不会主动寻求这样的角色。共生融合型成年人总是把这样的角色强加给他,而且会努力让他留在那里。为此,共生融合型成年人会给自己的卑躬屈膝找理由,把"一无是处"或"成不了大器"当成自己的目标。

心理治疗环节

马夏尔,29岁。他前来咨询的原因是他在各种场合均缺乏自信。他在售后服务部门工作,觉得上司总是在批评他,派下来的任务也总是会让他胆战心惊。需要向上司报告的时候,他会发抖、结巴,无法清晰阐释自己的目标和成就。上司比他年轻,对他不留情面,有时甚至会像对待孩子一样地责骂他。

在心理治疗的前10分钟,马夏尔紧张地笑了足足50次。这次数可够多的。我向他指出了这一点。在此之前他并没有意识到。可是,每当提出个人观点的时候,他口中都会飘出一声笑。这是一种自动的笑,其实很有感染力,但它也会向对方发出这样的信号:"我一文不值,我不算数,我说的这些都不重要。"

所以,为了努力抑制这种笑声(至少在工作场合),马夏尔在面对他人的时候必须更加坚持自己的立场，在管理人际关系的时候也必须减少共生融合意愿。之后，他将会意识到，这种"歉意笑声"根本不会带来任何保护作用，只有坚持自己的立场才能赢得他人的重视。换句话说，做一个真诚的人，敢于不加掩饰地生活，成为一个与众不同的人，只有这样才能建立起自信。

自我贬低

共生融合型成年人常常认为自己在人格、智力、常识、身体素质或特殊技能方面有所欠缺。他过度谦虚，总是宣称他人比自己更强，更值得关注与信任。不过，他也会担心，怕他人看穿了他内心的空虚，于是抛弃他或拒绝他。所以，他会回避与个人有关的问题。他会敷衍几句，然后重新提问，把话题推到对方身上。具有讽刺意味的是，在他人眼中，这种逃避态度往往会被当成优点。在周围人眼中，共生融合型成年人通常是一个审慎、懂得倾听的人。但他自己知道，情况并非如此。事实上，他想退居次席，所以不断自我贬低，比如"我一文不值，浑身上下都是缺点"，"没有人对我感兴趣"，"我很差劲，做什么都做不好"。

国际主流精神障碍分类《疾病和有关健康问题的国际统计分类（第十

次修订本)》[8]、《精神障碍诊断与统计手册（第五版）》将存在自我贬低问题的患者归入回避型人格障碍。临床上还经常提及另一种精神障碍"冒名顶替综合征"。

《精神障碍诊断与统计手册（第五版）》要求在对回避型人格障碍进行诊断时需遵循以下评判标准：

● 主体害怕被他人批评、否认或拒绝，因此回避社会和职业活动，他非常敏感，容易被琐碎言论或批评伤害；

● 除非他确信自己被爱，否则不愿与他人交往；

● 他害怕受到羞辱或嘲笑，因此在亲密关系中态度上克制、缄默，行为上害羞、安静、透明；

● 他感觉自己无法胜任，因此在人际交往中会出现自我束缚的情形，他还倾向于夸大普通情况下的潜在危险，并强烈需要来自他人的安抚；

● 他认为自己在社交方面无能、没有吸引力、笨拙或比别人差，尤其是在面对陌生人时；

● 由于担心尴尬或难堪，因而他不愿意承担个人风险，也不愿意参与新活动。

20世纪80年代，保利娜·罗斯·克兰斯（Pauline Rose Clance）提出了冒名顶替综合征这一概念。根据她的描述，此类人即使在取得一定成绩之后,也会认为自己毫无能力,成功只是因为运气好或他人判断失误。所以,他会觉得自己篡夺了他人的位置,并总是在担心被人发现。冒名顶替综合征的诊断标准是:

- 主体感觉自己能力不足、无法胜任;
- 在真实价值这个问题上,他觉得自己在欺骗他人;
- 他倾向于将成绩归因于自己无法控制的外部因素;
- 他害怕被他人发现。

回避型人格障碍和冒名顶替综合征这两类问题都描述了某些人将自身成绩归因于外界因素的倾向,但两者略有不同。其实,此类问题在共生融合型成年人身上也非常突出,原因很简单:躲藏与自我贬低时,他会产生防御性、令人安心的幻觉,他会觉得自己并没有真正走入生活,于是也就不需要去思考自己的责任了。然而,这种心理防御机制的代价极高,高程度自我贬低会导致自我恐惧症。

自我恐惧症
此处所说的"恐惧"是指害怕自己(害怕承认自己的存在)且拒绝自己(无法爱自己)。

害怕自己与展露自己时所要面对的危险有关，也就是说，患者害怕走入生活，害怕在生活中展露自己的与众不同。在这个过程中，他否认自己作为个体存在。所以，共生融合型成年人非常讨厌镜子、照片、他人的注视以及广义上可能让他面对自己的任何事物。

拒绝自己的特点在于，既然不接受自己，就更不会去爱自己了。这便会导致严重的自我鄙视和持久的自我贬低。具体而言，他会主动否认任何积极价值，常说"我不是"，很少说"我是"。在具体表现形态上，这种态度千变万化：躲在他人身后（"我不如别人"）、逃避他人目光（"我很丑，不讨人喜欢"）、缩肩膀、脸红、模仿他人的姿态、谨小慎微、尴尬、悲伤、痛苦、失落、颤抖、犹豫不决、畏手畏脚、胆怯、听天由命……无论表现为哪一种形式，核心问题都在于他把自己当成了空洞的、无足轻重的人。

问题是，在自我贬低的过程中，共生融合型成年人不仅会用词语或态度来伤害自己，还会在镜子面前辱骂自己，对自己做出攻击性姿态。这也是自我破坏和自我毁灭过程的一部分，可能会对身体健康与身心完整产生重大影响。

自残行为

安塞尔姆，温和善良的19岁少年，正在用心攻读哲学，但他却说，自己受到某些奇怪、暴力的想法的困扰："我讨厌自己的身体，我一直对此感到羞耻。上周末，我用指甲刀把手上的皮去掉了。当时我心情非常不好。我也经常咬自己。我脑海里经常出现一些奇怪的想法，我觉得自己是个疯子。我曾经打算眼睁睁地看着自己的腿被切断。我认为，我倾向于去毁灭自己可能成为的一切。我感觉存在着太多个'我'。"

自残是指自我伤害的行为，例如抓伤、烧伤、割伤、擦伤、撕裂、撞伤、摄入有毒物质等。共生融合型成年人的自残情形经常被人忽视。这种行为有时相对隐蔽，例如，总想去撕掉皮肤末端（抠皮症）、指甲末端（咬甲癖），甚至是拔掉头发和体毛（拔毛症）。有时则会更加严重，例如会割伤皮肤，或造成其他类型的真正伤口。此外，在日常生活中他也会出一些事故，似乎没有明确的原因，其实也体现了他自我伤害的倾向。因此，共生融合型成年人经常撞到家具、门、墙和其他人；他经常跌倒、摔跤、不小心切到自己。总之，没有淤青、撞伤或抓伤，这一天就不会结束。

当然，没有耐心、毛手毛脚也会导致相似后果。不过，如果此类事故不断发生，就能从中看出他对自我贬低、自我削弱、自我毁灭的坚持吧！

渴望生病

许多共生融合型成年人都经常幻想自己出了事故或得了重病。有些人还明确承认，疾病或事故会让他们成为无可争辩的受害者，让他们有资格依赖他人。在医院里，所有责任都可以完全交给周围的人：不再需要为自己辩解，不再需要质疑生活的意义，也不再需要提供任何理由……

某些共生融合型成年人不满足于去幻想得重病（身体或心理）或出事故，他们会采取行动。对于这类为了拒绝承担责任而不顾一切的人，欧文·亚隆的描述相当精湛："某些患者会暂时经历非理性状态，在这种状态下，他们会以相当不负责的方式行动。在这种状态下，无论是面对自己还是面对他人，他们都不再对自己的行为负责。"[9]他还明确指出，临床调查通常会发现这种"失控行为绝非精神紊乱所致，而源自真正的故意行为"[10]。许多心理治疗师都曾遇到过这种现象。事实上，存在共生融合倾向的患者经历恐慌发作乃至妄想症的那段时期，经常会与他的心理医生前去休假或他与亲属断联（分居、丧亲、搬家）的那段时期相吻合。从某个角度来说，这些患者表现出了他们对责任的拒绝态度，他们通过这种方式来强迫他人承担责任。这不禁让人想起著名的孟乔森综合征。这里要简单介绍几句该病症：在这种病症中，患者渴望生病、渴望被医生照顾，其情势相当令人震惊、悲惨。

孟乔森综合征的特点是"假装且故意制造身体或心理问题或症状"[11]。存在此类精神障碍的患者会向医生抱怨自己身体疼痛或出现损伤。但是,他可不会说那些伤口都是他自己故意造成的,如来自放血、擦伤、烧伤、服用导致感染的物质、服毒。在某些情况下,他可能会模仿精神病发作(失去理智),也可能假装癫痫及其他常见疾病。此类患者会间歇性地想办法入院治疗,甚至还能多次获得接受外科手术的资格——那都是些无关痛痒的手术:拔牙、脊椎手术、切除子宫及其他全部或部分器官(结肠、阑尾等)。这种行为显然会引发严重后果,甚至会导致死亡。

在精神病学文献中,这种综合征相当罕见,知道的人不多,只能解释为患者希望引起他人的关注。然而,从存在主义心理学的角度来看,我们可以将它理解为实现共生融合、获得他人照料的过度欲望。这种综合征有一个亚种,名为"代理型孟乔森综合征"。该亚种患者的共生融合倾向相当明显。主体(通常是母亲)并不会伤害自己,而是会去伤害自己的孩子。她会采用下毒、切割、殴打、使其窒息等方式,导致婴儿入院接受治疗。有的婴儿甚至会严重受伤、致疾或丧命。在这种极为悲惨、令人震惊的情形中,母亲实现了与孩子的完全共生融合,她将孩子当作了自己身体的延伸。然而，在她眼中，这种共生融合仍然是不够的，所以她才会去寻求被医疗机构收治。当住进医疗机构、受到管束的时候，她才会进一步获得摆脱责任的感觉[12]。

共生融合型成年人虽然不会达到如此暴力的程度，但他也在采用各种方法来自我贬低、自我伤害（既包括身体自残，也包括心理自辱）、自我削弱。在这样做的过程中，他希望别人能够照顾他，此外，他也会想办法确保这种照顾永远不会结束。因此，他必须打击让他重新站起来、让他感觉更好、让他拥有积极品质的任何尝试。因为他知道，情况好转会迫使他再次承担起他想摆脱的那些责任。

敏感问题

除此以外，他还非常敏感：他"感觉某些行为、话语充满敌意，自己很容易因此而受伤、感到被人冒犯"[13]。于是，他很容易就会怒火冲天、大骂不止。对于一个努力贬低自己的人而言，这样的做法似乎有些奇怪。那要如何解释这种矛盾呢？

心理学家提出了三种敏感类型：第一种人害羞且自尊心极为脆弱；第二种人确信自己高人一等，不能忍受他人批评；第三种人则存在偏执倾向，将所有负面言论都解释为自己受迫害的证据。

共生融合型成年人属于哪种敏感类型呢？在回答这个问题之前，我们必须注意一点：自我贬低与被别人贬低是两个概念。当共生融合型成年人贬低自己的时候，他的目的是削弱自己。相反，当别人批评他时，他总是会认为对方的话并不是针对他本人的，而是针对双方之间的关系。因此，在他眼中，来自他人的任何批评都会被解读为对关系纽带的中伤，因此代表了一种抛弃威胁。

心理治疗环节

索朗热，52岁。"照镜子的时候，我会对自己说：'我这么丑，怎么会有人爱呢？'我的头发不漂亮。对于头发和面容，我一直有严重情结！在镜子前，我会伸舌头，对自己做鬼脸。我每天都会这样做。我觉得自己是惹人嫌的人、丑八怪！我非常缺乏自信。我一直告诉别人自己很没用。所以我会躲起来，逃离别人的视线。我甚至告诉亲人，如果我死了，希望没人来看我，因为到时候我就不用转头藏起来了。"可以看出，亲密骚扰总是从自己开始的。

心理治疗过程中，随意举起一面镜子这种事都会让索朗热厌恶地噘起嘴。不过，她同意学着去面对自己的形象。毕竟，从存在主义心理学的角度来看，这一问题与能否承认自己的存在有关。这是一种向自我表达善意的练习，日常生活中、工作中、大街上、公共汽车里，她都可以练习。在镜子面前，她必须避免任何侮辱或敌对姿态，同时还要承受住他人的目光。在这样做的过程中，她努力降低了自己对共生融合的需求，在摆脱情感依赖的道路上迈出了第一步。

尝试消失

内心空虚感和无聊感

一个人去见医生，说："医生，我想知道怎样做才能活得尽可能长。"

医生说："很简单，只要吃得很少、避免糖和脂肪、停止饮酒、停止性生活就可以了。"

"这样就能延长我的寿命？"

"也不是，但您会觉得生活变得非常非常漫长。"

不言而喻，急于抹杀自己、拒绝任何定义、否认任何积极价值，这样必定会引发"什么也不是，什么也做不了"的无聊感。因此，每个共生融合型成年人都会内心空虚，伴随着深深的无聊感。他没有兴趣，没有计划，面对任何新事物都会很快失去热情。在咖啡馆读书、参观展览等方式无法让他感受到生活的美好。与朋友聚会时，他也只用一只耳朵听，既在场又不在场。为了消磨时间，他只会去做完全无需任何实际投资的平庸活动：看电视、刷社交网络、在沙发上做白日梦等等。所以，在他人眼中，他完全是在做无用功。有时，亲人们会想办法让他对阅读、各类活动、培训产生兴趣，或者帮助他构建人生计划，但他却总是无动于衷，真是令人头疼。

这就是共生融合型成年人的问题：一方面，他主动制造这种内在空虚感，避免生存，避免直面生活；另一方面，这深不见底的空虚感又会令他在日常生活中感到深度痛苦与无聊。事实上，他会发现，无聊的时候，躲藏意愿势必会降低，同时他也不得不思考自己的存在。此时，他就开始寻求强烈的即时刺激感（吃东西、犯罪、超速以及各类冒险等）或强大的镇静效果（酒精、毒品、安眠药）。

与此同时，在他眼中，人际关系不过是快速引开注意力、忘记自我的工具而已。所以，共生融合型成年人的所有人际关系都会显得相当肤浅。但问题在于，长此以往，引开注意力的那些手段会慢慢失去效力，总有一天会再也无法填补内心中的那片可怕的空虚。此时，自我抹杀就会以极端形式表现出来。

共生融合型自杀

对共生融合型成年人来说，自杀相当于退出世界，也就是进一步的自我抹杀。然而，必须强调的是，在他眼里，自杀并非自我的完全、彻底湮灭。每一个共生融合型成年人都很清楚，死亡是不可逆转的（否则他为什么要用一生的时间来否认死亡呢？）。但是，在渴望自杀的同时，他也会否认自杀的终极性。对他来说，自杀并不是与生命的彻底决裂，而是获得更强大麻木感的途径，或是为当下存在按下暂停键。无论如何，在他眼中，自杀并非真正的自我湮灭计划。

可以注意到，共生融合型成年人不仅拒绝生活，也拒绝死亡。但这并不意味着我们可以对他的自杀威胁和自杀尝试掉以轻心。共生融合型成年人也会采取行动，有时是因为冲动，有时则是因为他相信自己无须对自己的行为负责。事实上，他会将自杀的责任推给他人。"这将是你们的错！"与他关系密切的人经常会听到这样的话。当然，这是他强行与他人建立共生融合的最后尝试。所以，有必要重复之前已经提到过的一点：在绝大多数情况下，共生融合型成年人只有在确信他人会对其行为负责的时候才会试图自杀。照顾者必须断然拒绝这一责任，并毫不含糊地将其交还给他。必须面对选择的时候，他通常会发现，自己根本不敢下手。

8
拒绝行动

大多数共生融合型成年人都会说自己很累，总是缺少动力，难以采取行动、走出第一步或遵循计划行事。"我觉得自己像是瘫痪了。我这样活着，似乎没做成什么事，一点儿都没有前进。""付诸行动让我感到不舒服。我只想睡觉。"

缓慢生活

近期研究表明，抱怨此类困难的人可能患有"动力低下"，这是一种鲜为人知的精神障碍。其特点似乎与过动症 (ADHD) 相反，主要如下：

- 精神模糊，许多微观想法缺少主线；
- 强烈的白日梦倾向，常会心不在焉；
- 难以集中注意力；
- 难以做决定；
- 无力"在生活中向前迈进一步"；
- 总体上对生活缺乏兴趣；
- 难以制定目标；
- 频繁忘事；
- 缺乏活力，难以开始行动。

一些学者认为,这些症状与注意力障碍有关,或者与"认知节奏迟缓"[1]有关。他们还认为,虽然看似矛盾,但"动力低下"或"认知迟缓"恰恰是因大脑活动过于激烈、难以疏导而导致的。事实上,动力低下者对自己的想法和情绪过于敏感,所以,从某种程度上说,他其实存在过动倾向,但这种过动只停留在"心里"[2]。

这些症状也与其存在定位有关。为了避免直面生活,他拒绝行动。诚然,存在首先意味着对世界、对自己采取行动。但是,面对存在焦虑时,共生融合型成年人已经拒绝长大、拒绝做自己,于是也会倾向于什么都不做,避免承诺与承担责任。因此,他努力让自己的生活处于"停滞"状态,避免做出任何决定,暂停任何有意义的行动,总是推迟他必须做的事,同时破坏任何独立自主的可能性。

逃避决定

正如之前所说,共生融合型成年人总是想尽办法去服从他人的建议、授权、指令。在他看来,这样就不需要自己采取行动了,他的行为似乎是在外部意志的推动下做出的。为此,他经常躲在委托责任与强迫性行为之后。

委托责任

委托自己的责任,意思是让他人来承担这些责任,想办法让他人代替自己做出选择。在这样做的过程中,共生融合型成年人否认自己是其行为的始发者,否认自己是一个独立于他人的个体。因此,他禁止自己有偏好、欲望或特殊愿望,否则他就不得不为自己而行动、不得不去直面存在焦虑了,所以他会听从他人。他倾向于相信他人比自己更有判断力、更有能力。无论是选择甜点、衣服、职业,还是选择终身伴侣,他都会以他人决定为榜样,模仿他人行为。

当然,这也是要付出代价的。一方面,共生融合型成年人服从安排、顺从他人;另一方面,他也要接受别人为他选择的东西,无论好坏。他还必须过着不属于自己的生活,他自己也知道这种生活不适合他。不过,与此同时,他确信自己无法做出任何改变——准确地说,他拒绝承认自己拥有行动自由。当他感受到自己的欲望或愿望时,他就会假装这些欲望或愿望不属于自己,似乎它们是某些独立力量的表现。他肆意使用一些套话,例如,"我控制不住","我不是故意这样做的","我不知道自己为什么要这样做","我随意选的","这不是我的本意"……

"强迫性"行为

在"拒绝长大"一章中,我们谈到了冲动性、无计划、不顾后果的行为。需要注意的是,冲动性行为不应与"强迫性"行为相混淆。

根据定义,强迫性行为是一种"重复性行为,行为主体感觉自己在某股力量的推动下对强迫性思维、某些僵硬规则做出回应"[3]。在精神障碍分类中,强迫性行为和强迫性思维均属于强迫症(OCD)范畴。举例来说,强迫症包括止不住的洗手、清洁、整理、数数、屯积各种物品等等。共生融合型成年人不一定患有强迫症,但他仍可能出现一些规律行为,从某些方面来说,类似于强迫症的前兆。事实上,日常生活中,他经常痴迷于固定的习惯和规则,以及他所认为的不能打破的仪式。至少,在被问及为何无力做出真正决定的时候,他是这样回答的。

于贝尔,27岁。他说:"回到家时,我会先后把钥匙和手机放在咖啡桌上,再把外套放好。之后我会回到客厅,打开电视,去洗手间,再去厨房,总是按照同样的顺序。我会对时间和移动路线进行优化安排。每个晚上都是如此。用我自己的话说,我有一些'区块',也就是生活中的一小段时间,我明确知道在这段时间里自己必须做些什么。因此，我一直盯着时钟，确保自己符合区块安排。我有餐桌区块、电脑区块、电视区块。如果对我进行拍摄，我想，每天晚上的图像一定能够重叠。"

这种类型的强迫性行为让人觉得主体已经成为机器人。其实，这种行为是彻底剥夺自身自由的常见方式。任何人类活动都可能有强迫性行为的影子。然而，对共生融合型成年人而言，强迫性行为似乎是确保最低自我意识的必要条件(不再需要做决定，甚至不再需要意识到自己的行为)。

任何强迫性行为都会产生大量活动，甚至是过度活动。于是，人们可能会得出结论，认为共生融合型成年人也是会行动的。但这并不是真正的行动，并不是"有意而为"的行动。共生融合型成年人不采取行动，他只是任由自己被卷入自己的行为、移动、动作中而已。因此，尽管他一整天都在做事，但在他的脑海里他自己不过是个演员而已。

逃避行动

在共生融合型成年人眼中，行动为何如此可怕？29岁的患者卢曾尝试向我解释她的存在焦虑。有一天，她给我写了一段话，以令人震惊的比喻展现了她的人生观：

"我脑海中有一幅景象：一座木桥，柔软而坚实，周围风景优美，还有瀑布。桥下是峡谷。桥栏杆上有大洞，相当脆弱，不能碰这些栏杆。有一些人从我身边静静走过。他们向前走去，根本不关心那些栏杆。他们也不害怕。但我能看出来那些栏杆是假的，我们随时都可能掉到桥下。我是清醒的。我停了下来。我害怕站在高处往下看。我看不到桥的尽头在哪里。唯一的解决办法就是趴下，在地上爬行，尽量少动。愤怒也随之而来——这样爬来爬去度过一生真是件荒唐事。"

卢不自觉写出的这个有关存在焦虑的隐喻与列夫·托尔斯泰在《忏悔录》中所写内容相当相似。在一个著名段落中，这位作家曾质疑生命的意义，讲述了一则东方寓言，惟妙惟肖地概括了人之为人的荒谬所在。

我无法对我生活中的任何行为给出合理的解释。

我只是惊讶，为什么没从一开始就意识到这一点。

我在想，很久以来所有人都已经明白这一点了！疾病、死亡终会到来，不是今天就是明天。它们已经来到了我爱的那些人身边，来到了我身边。除了腐烂和虫子，什么都不会留下。无论我做什么，终归会被遗忘，我本人也会被遗忘。所以为什么还要费劲呢？（……）

有这样一则相当古老的东方寓言，说的是一个人在沙漠中行走，被一头猛兽吓了一跳。

逃脱时，旅行者跳入了一口没有水的井中；但他又看到，井里最深处还有一条龙，张开大嘴想要吞掉他。这个不幸的人，一边害怕被猛兽抓住，所以不敢出来；另一边又怕被龙吞噬，所以不敢跳到井底，所以他只能紧紧抓住生长在井口裂缝中的野生灌木枝。双手越来越没力气，他觉得自己很快就会坚持不住了，失败是必然的；不过，他仍然坚持着。此时，他看到两只老鼠，一只黑色的，一只白色的，两只老鼠正围着他抓住的那丛灌木打圈，从下面啃咬灌木。

看到这一幕，旅行者知道自己死定了；不过，悬在那里时，他环顾四周，发现灌木丛叶子上有几滴蜂蜜；他伸出舌头，心满意足地吮吸着。

就这样，我抓着关乎生命的灌木枝，知道死亡之龙不可避免地在等着我，准备将我撕碎，与此同时，我不明白为什么要让我以这种方式离去。我试着吮吸蜂蜜——这曾经安慰过我的蜂蜜，但它却再也无法让我高兴起来了。此外还有黑白老鼠，日夜不停地啃咬着我抓牢的那根灌木枝。我看到的只是它们：那不可避免的龙，那两只老鼠——我无法把目光从它们身上移开。

这不是寓言，而是纯粹的、不容置疑的真理——所有人都能理解的真理。

过往生活中的心花怒放不过是骗局，它掩盖了龙的恐怖，但如今却再也骗不了我。有人说："你是无法理解生命意义的；别思考了，去生活吧！"让他们说去吧，我是不会那样做的，因为我已经做了太久了。现在，我看见的只是白天与黑夜在狂奔，它们把我引向死亡。[4]

共生融合型成年人不就像那个吊在井里的人吗？他上有猛兽下有龙，清醒地意识到自己当下的可怕处境，与此同时，他安慰自己，只要尽量别动，就能摆脱这种状况。

通过代理行动

没过多久他就发现了，逃避行动的最佳方式之一就是推动他人去行动。共生融合型成年人小心翼翼，尽量保持位于临界点之下，避免切实感觉到正在以自己的名义亲自行动；他躲在隐蔽处，以助手和旁观者的角色通过代理行动。这种态度立刻就能带来某些好处。首先，如果他认为自己是在为他人效劳，那么他就能在生活舞台上尽可能少地暴露自己，同时还找到一种方法来骗过自己那深深的无聊感。其次，这种帮助他人的倾向可以被说成慷慨无私、利他主义、奉献精神，尽管他自己知道，情况并非如此。

无论如何，共生融合型成年人(几乎)从来没有以自己的名义做过任何事。所以他经常梦想成为某个人道主义协会的志愿者，成为教练，成为社会福利部门的工作人员。他一边拒绝主动采取行动，一边觉得自己相当擅长督促他人采取行动，尤其是督促他人代他做事。当然，他很少将自己的计划付诸行动。这是因为，逃避行动还有另一个特点，即倾向于无限期地推迟一切。

拖延倾向

共生融合型成年人不制定计划，既不担心过去，也不担心未来。那么他为什么总要把事情往后推呢？表面上看这种情形相当矛盾，实际上却并非如此。当他告诉自己"之后再做"的时候，其实只是对自己做了一个虚假承诺。他所说的"之后"实际上是"从不"，位于仅存在于他想象之中的"他处"。

对共生融合型成年人来说，拖延并不是为了把事情往后推，而是彻底取消所有计划和行动。为此，他会给出各种理由。例如，他一次又一次地告诉自己："我还没有准备好。"因此，他可能会用一生的时间来做准备，但却从来都不会完成任何事。例如，写小说只写了开头，学业从来都没完成过，宣布想要开始这个或那个项目但却从未采取过任何行动，就算是开工也只是开头或搞个片段而已。也就是说，从来都不登上舞台，把一切都搁置起来，靠可能性活着。此外，在这里，戏剧舞台这一比喻相当贴切。这是因为，在躲避行动的过程中，共生融合型成年人想要寻找的恰恰就是停留在"生活的幕后"。为此，他有许多"好理由"。

慢性疲劳

"我很累"，"我没力气"，共生融合型成年人的话语中反复出现此类表述。他们会抱怨这几种症状：半夜醒来、睡眠效果不佳、注意力不集中、肌肉和关节疼痛、头痛、肌肉无力。这些症状会让人联想到或轻或重的慢性疲劳综合征(CFS)。受这种综合征影响的人，有时会无法工作，也不能正常生活。

目前，学者对慢性疲劳综合征的了解仍然不够，尚未找到起因。最近一项研究[5]表明，慢性疲劳综合征可能与新陈代谢减缓有关，类似于冬眠，目的是让细胞在恶劣环境中生存下来。也有人认为，它来源于心理(抑郁)或身体问题，但仍需进一步探索。

如此看来，慢性疲劳在逻辑上可能与共生融合型人格所特有的拒绝行动有关。事实上，拒绝行动很有可能会导致机体出现生理和化学变化。根本不需要冗长论证来支持这一假设，只要考虑一件小事就够了：一场足球比赛中，与赢球一方的足球运动员相比，输球一方的运动员的确精力不足。人们早就知道，精神和身体上的麻木感（正如抑郁时所见）是面对危险或焦虑时的经典防御措施。此外，事实证明，心理状态（压力、愤怒、焦虑等）会对新陈代谢和身体状态产生很大影响。心智活动方面的困境也可能会以更加明显的方式体现在身体上。患者可能会出现肌肉无力、皮肤敏感度丧失以及无器质性原因的（短暂）视力丧失。也有可能在几周甚至几个月时间里发生部分或完全瘫痪，来去同样突然。从心理病理学角度来看，我们通常可以推断认为，身体在表达自己，通过功能障碍来传达心智层面无法给出的信息。

然而，这并不是存在主义心理学的观点。存在主义心理学认为，身体不会说话，只会行动，它会具体呈现出某种存在方式，即保护自己的态势。身体疲劳并非信息，而是行动。或者说，这是一种态势，其隐含诱因是拒绝行动。此外，这种疲劳会导致共生融合型成年人经常去睡觉，令其被动性水平继续升高。当然，对他来说，睡眠是一种理想状态：从某种意义上说，入睡之后，他就不再存在了。睡眠指令的终极阶段与抑郁极为相似，也就是说，对行动的逃避如此彻底，以至于主体在心理和生理层面上的活动都已经彻底停止了。

思维反刍

早在出现抑郁之前，难以行动这一问题就已经以心理功能障碍的形式表现出来了。共生融合型成年人会花费大量时间来反复思索各种事件。在他看来，凌乱的想法汹涌而来，把他扑倒。他一遍一遍地想，直至失眠。无休止的离题和无意义的思考让他精疲力竭，但他从始至终都无法在这些拷问上取得任何进展。此外，各种难以承受的负面情绪向他袭来：愤怒、恐惧、遗憾、悔恨、内疚。

心智或思维反刍与白日梦可能有些类似，但两者并不相同。思维反刍中，共生融合型成年人想要做的并非逃避现实，而是追溯性地否认过往行为（"我那时本不该这样做""该做的事我却没做"）并取消未来行动的所有可能性（"我可以做这件事，但不更该去做那件事吗？""我不知道到底该做些什么"）。

据统计，思维反刍与普遍焦虑以及以负面方式描述任何事件的鲜明倾向有关。不过，有一些专家认为，在面对具体问题、需要快速得出解决方案的时候，大脑飞速运转可能会带来积极效果。然而，过度敏感的主体倾向于把自己锁入反复思索状态，以便把那些他无法划分优先级也无法承受的情绪挡在远处。此时，飞速运转的认知就失去了任何效力。

思维反刍与拒绝行动之间有什么关系？思维反刍能够避免寻找解决方案，避免做出决定，从而避免采取行动。共生融合型成年人有一条未曾明说的原则，即不承认自己任何想法的可行性。他无法说服自己，所以总是处于自己和自己较劲的状态。

简单来说，抗拒状态与"矛盾心理"相类似。处于抗拒状态的人，其基本思路如下："我知道你想说服我，但你是说服不了我的。"我们每个人都会时不时地进入这种状态，例如，遇到坚持不懈、喋喋不休的销售人员时，或者听到与我们想法相反的演讲时。如果要给出一个更具技术性的定义，那么抗拒是一种心理活动过程，个体通过该过程尽可能保持其选择和行动的宽广度，尤其是当某人或某事试图削减这些可能性的时候[6]。

在共生融合型成年人身上，思维反刍是自我抗拒的一种形式，是对说服自我的拒绝。这是因为，思维反刍是一种闭环思维方式，它"不断循环"，（来自自己或外界的）任何敦促行动的说理都无法对它产生影响。因此，我们似乎可以将思维反刍看作通常逻辑思维的反面。也就是说，思维反刍的目的不是把问题变成解决方案，而是把解决方案变成问题。换句话说，共生融合型成年人不是在寻找答案，而是在寻找问题。任何获得解决方案的个体都会做出决定并采取行动，但共生融合型成年人则会质疑解决方案，将它变成问题。就算有无可争辩的逻辑证据告诉他可以决定了、可以行动了，他还是会怀疑自己，会怀疑自己的推理能力："我是不是错了？"如果自我怀疑不足以让思维反刍继续下去，他就会选择逃避(继续去思考另一个不相关的话题)。

关于思维反刍模式，请看下面这个心理治疗案例。尼科埃尔存在共生融合问题，46岁的他多年来躲在家里，完全依靠家人生活。从下面这个例子中可以看到他是如何拒绝所有解决方案并将自己锁定在无尽循环之中的：

尼科埃尔说："我严重超重。我不能再让自己这样发展下去了。我必须减肥。"

我说："应该做一些锻炼。也许您可以出去走走。"

"问题是我睡得不够，站不起来，所以步行对我来说是不可能的。"

"可是每天走上一小时就能够帮您减肥，让您感觉有一点点累，然后会睡得更好的……"

"不，我走不了，我太重了。我必须先减肥……"

如今心理学界仍只是将思维反刍归类为焦虑带来的副作用，认为这种现象无足轻重，从来没有把它当作一种独立症状来思考过。然而，思维反刍不仅构成了思维过程中的严重的和具体的障碍，而且还会表现在个体功能的各个层面上。如果仔细观察就会发现，共生融合型成年人的思维反刍对象是整个存在。他不仅质疑自己的想法，还质疑事态发展、人际关系、工作、财务、身心健康。在他身上，除了思维反刍、抗拒、问题之外别无他物。

正如之前所讲，他人眼中稳定、不会造成问题的状况，在共生融合型成年人看来都会敦促他采取行动，因此会引发其焦虑。共生融合型成年人会以令人诧异的方式将稳定与行动联系起来，将不稳定与被动联系起来。回顾一下之前提到的马库斯的案例，我们就能看出这一点：在生活中，他一度拥有他所需要的一切——工作、房子、伴侣、孩子。总之，生活是稳定的，但他却设法将这一切颠倒过来，最终令自己陷入灾难境地。如果想要看懂这样的事态发展过程，就必须承认，大多数时候，人们会认为，这种情形来自心理紊乱或智力缺陷。事实上并非如此，这里有一个环环相扣的认知过程，只不过这个过程与通常的推理过程恰好相反[7]。

心理治疗环节

正如之前所见，从认知角度来看，回避决定与行动来自对稳定的某种厌恶。因此，心理治疗工作必须聚焦这种厌恶感，必须想办法克服它、驯服它。但是，与其直接在决策层面上下功夫（这样做意义不大），不如专注于改变思维及推理过程。当然，从存在层面上说，目标仍然是帮助他承认并完全接受自己的存在责任，使其成为自己人生的创作者与行动者。

但是，具体而言，如何才能将共生融合型成年人的思维模式从思维反刍和被动倾向中解放出来，转而以解决方案和行动为目标呢？

在存在主义心理治疗中，我会使用一种迂回方法，针对自传体记忆。事实上，存在共生融合倾向的许多患者在拒绝决定与行动的同时，也会拒绝任何明确的个人时间叙事，也就是说，他们拒绝为自己的行动和生命历程承担责任。似乎这些患者拒绝自视为自己过往选择与行动的主体。因此，他们的自传体记忆和情节记忆非常混乱，有时甚至是解构的。这些患者难以说出自己过往经历的准确地点和日期。当然，他们还记得自己所经历过的事，但他们的记忆是模糊的，彼此之间是相对独立的，而且没有按照严格的时间顺序排列。极少数清晰记忆就像几座明亮的小岛，被淹没在黑暗的海洋中。记忆如此不稳定，也就无法支撑起任何未来、任何明确的生活计划、任何真正的行动承诺。

阿洛伊斯，37岁："我对时间和日期没有什么概念。要知道，我的童年时期相当艰难，体验过寒冷、饥饿，还经常搬家。那时我总觉得没有安全感。也许我不愿意去回想吧。无论如何，直到今天，我依然有漂泊不定的感觉。一谈起日期，我的脑海里就会混乱一片。谈到未来也是如此：我不想去做计划。我更愿意停留在日常生活里。所以，我觉得自己身处前厅，在等候室和内阁之间，既不在过去，也不在未来。"

心理治疗中经常遇到这样的情形：共生融合型成年人之所以否认自己的过去，其实只是为了把自己关在过去并针对过去进行思维反刍。那些尚未建立联系、尚未被心理内化的事件不断以负面情绪的形式重新出现在脑海中。可能是童年、少年或生活中其他时期的焦虑、悲伤、愤怒。这些仍未被理清的情绪中渗入了个人时间叙事，依然处于活跃状态，尽管早就不该如此了。它们与当下事件混成一团、粘在一起，仿佛时间还停留在过去。从这个角度说，这些情绪具有创伤本质。

这就是阿洛伊斯的问题。这位工程师决心通过心理治疗来摆脱自己的终日愤怒。

我建议他根据亲属提供的照片和陈述来重新构建自己的个人时间叙事。目的绝不是为他的愤怒找到一个假设事件或创伤。关键在于帮助阿洛伊斯走出循环——在这样的循环生活中，过往情绪由于尚未被计入清晰的个人时间叙事，因此会不断重现。

阿洛伊斯承诺在笔记本上记录下他个人经历的确切日期和事件。此类练习的目的是打破根深蒂固的心理防御，所以练习过程中经常会出现多种症状并迅速减轻：身体不适感、焦虑、视觉障碍、眩晕、全身地难受。尽管有些不舒服，但此类练习益处良多，愤怒等负面情绪会逐渐消失（因为它们被送回到过去），而认知能力，特别是创造力、思维速度和思维灵活性将会得到释放。

某些共生融合型成年人拒绝开展此类回忆工作。当我提及这项练习时，他们的第一反应是突如其来的疲劳（纯粹被动的防御性反应）。有些患者可能会感到强烈的入睡需要——有时候真就睡着了！他们在抵制时，可能会说找不到照片、找不到纪念物品了，或者会说只要别人（父母、亲属）代他们保留记忆就可以了。当我向一个患者询问过去详情的时候，他说自己一个人想不起来了，然后还说："我不记得了，但我母亲知道。如果您愿意，可以去问她。"

自我破坏

工作面试当天没有醒来，高中最后一年成绩辉煌但却放弃参加毕业考试，同时开展十个项目却一个都没有完成，恋爱时但凡出现继续发展的可能就主动中断，拒绝晋升，在重要比赛当天无故胆怯：破坏自己生活的方式多种多样，这只是其中几个例子。

目前，心理学界对自我破坏这一话题兴趣不大。然而，在20世纪40年代，勒内·拉福格(René Laforgue)曾提出过"故意失败神经症"[8]这个有趣的概念，用来描述故意让自己的计划陷入失败境地的行为。这一概念描述了一种针对自己的攻击性，也可以说是一种基于内疚的自我惩罚行为，而内疚的主要原因在于自己的所作所为超越了父亲或母亲(原作者提到的是父亲)。如今这一概念已无人使用。但在拉福格之后，其他一些研究者也曾谈及自我破坏，指出父母的负面指令如何剥夺孩子的自信，导致他将自己置于故意失败的境地，比如"你什么都做不好"，"你做不到的"……

如今，人们较为关注的是"考试焦虑"问题。其特点是在评估测试过程中压力陡增，并伴随着一系列与恐慌发作类似的症状：颤抖、出汗、心率加快、呼吸困难等。于是主体在智力、艺术、体能、人际关系方面的成绩水平下降，遭遇失败。个别心理学家会谈到另一种障碍——失败恐惧症[9]（atychiphobia，字面意思是"厄运恐惧症"），与考试焦虑类似。这种障碍的特点在于，当事人已经确信自己会失败，所以甚至不愿去碰碰运气。于是，一旦遇到需要为自己争取点什么的情形，他就会不知所措。

寻求失败

在共生融合型成年人身上，自我破坏首先表现为逃避行动和承诺的隐性策略，正如下面的故事所示：

> 罗密欧与妮科尔，分别为28岁和24岁，一对金童玉女。他高大、健壮，有亲和力；她美丽、简单、纯洁。前来咨询时，两人在一起已经6个月了。他们说，早期的关系美好纯粹，但没过多久就开始了争吵。罗密欧嫉妒心强、疑心重。妮科尔说："他知道该说些什么来刺痛我！"但她本人也脾气急躁，很容易就会辱骂他，甚至会和他发生肢体冲突。她已数次收拾行李，威胁离开，但还从未离开过。两人的关系已摇摇欲坠。

临床调查中发现，罗密欧和妮科尔已经走入相互骚扰的境地。两个人之间完全相互依赖。与此同时，他们似乎很害怕双方之间的伴侣关系能够成功，怕成功之后两人不得不走入下一步的承诺。在其他生活领域中也能发现两人对承诺的过度恐惧。这一点绝非巧合。罗密欧不工作。几个月来，他一直沉溺于酒精，放弃了运动，整天待在家里或与几个朋友一起"耗时间"，"畅想"未来的宏伟计划。经济原因使妮科尔最近刚被裁员，还没鼓起勇气去寻找新工作。她觉得自己"在下沉"，但又没有多少振作起来的意愿。就目前而言，两人都在靠积蓄生活着，父母的支持也是重要的经济来源。

在伴侣关系中，罗密欧会主动找碴儿，去怀疑妮科尔，进而与其断交。他承认："我觉得，我总是在想办法让自己陷入不幸。"他会翻看她的手机，分析她的每一词句，总是觉得自己从中找出了她想背叛他或离开他的"无意识"意图。所以，他一遍又一遍地告诉她，"和别人在一起会更好"。换句话说，他一边宣称自己爱她，一边又明确敦促她离开。妮科尔和罗密欧之间的爱是真诚的，但两人拒绝行动，于是这份爱情有花无果。

通常情况下，无论是在伴侣关系中还是在其他任何领域中，自我破坏行为都意味着破坏、拆毁、阻碍已经着手进行的事。但是，在共生融合型成年人身上，还能看到比自我破坏更加隐蔽但同样有效的故意失败策略。

故意失败与拒绝知识

如果想要确保自己能够失败，那么只要瞎糊弄就可以了。也就是说，拒绝任何方式方法。对解决方案的厌恶、对问题的偏好不可避免地将主体推入这种情形。因此，许多共生融合型成年人都会抱怨，说他们做什么都无法成功，可实际上，他们根本没有耐心和意愿去运用某种方法。最简单的例子之一就是他们会凭直觉去学习乐器，或凭直觉去练习某种技艺，根本不参加培训，也不付出任何努力。

临床观察清晰表明，共生融合型成年人在知识和技能方面存在严重欠缺，但在作为个人发展基础的基本认知功能方面却没有明显缺陷。换句话说，他们不愿获得知识和经验诀窍的原因不在于记忆、规划、推理、心理运动能力方面，而在于他们拒绝使用上述能力。

无论如何，共生融合型成年人几乎总是在说自己没有特别好奇的事，也没有兴趣点。他什么都浅尝辄止，从不寻求深入研究他所发现的东西，他会说，自己不太擅长学习新事物。太多的信息会让他感到不舒服、厌烦或恼怒。他避免去做那些需要努力思考或保持注意力的事，特别是阅读和辩论。他没有个人意见，在小组讨论中总是躲在后面。在他看来，他人的知识总是比他多得多，他害怕犯错，害怕别人笑话他。有时他的确获得了一点点知识，但主要都是以格言和引文形式表现的。以下是一个拒绝学习的例子：

维多利亚，64岁，为人非常开朗。她不明白为什么自己已经付出了那么多的努力，可还是学不会英文。当我见到她的时候，她刚结束6个月的英国旅行。在那里，她完全沉浸在当地语言中，但却一点儿进展都没有。这种情况已经不是第一次了，所以她相当沮丧。她想知道，这种反复失败的原因是否在于大脑老化，或者在于阿尔茨海默病等退行性疾病。她去做了医学检查。事实证明，她思维敏捷，认知能力卓越。于是她不再有患病疑虑。可为什么学英语对她而言如此艰难？

维多利亚解释说，她是意大利人。年轻的时候，她遇到了一位法国外交官，嫁给了他，跟他前往职业生涯中的各个外派国家。为了抚养孩子、支持丈夫，她从未工作过。几十年来，她负责组织晚宴和招待会，还要照顾孩子。在这期间，她从未学习过所在国的语言。她说："我会学几个词，剩下的就靠好心情了。我遇到的大多数人都是法国人，或者会讲法语。或者靠我丈夫讲话。"

维多利亚说，尽管她不得不放弃年轻时的梦想，放弃自己对艺术的追求以及成为艺术家的愿望，但她的生活是幸福的。她选择了默默无闻的生活，只扮演配角，始终活在丈夫的影子之下。生活当然非常舒适。与两人有关的所有决定都是丈夫做的，她什么都不缺……不过，可能缺了最重要的一点：独立性。"我放弃了艺术生涯，因为它总是让我过度焦虑。我选择了安逸的生活，牢牢躲在丈夫身后。我没有那么多的自由，没有那么多的成就感，但心里肯定更加平静。"

有丈夫庇佑，维多利亚从来没有为自己承担过所有责任。她似乎不受存在焦虑的困扰，毫不在意时间的流逝与物质的变化莫测。至少，在孩子们长大离家之前，她一直都是如此。直到孩子们离开了，维多利亚才觉得有必要解放自己，摆脱只与丈夫面对面接触这种局面。"虽然我已经不年轻了，但还是重新与艺术界取得了联系，并决定学习英文。我本想组织画展，但立刻就觉得自己无法胜任。着手做事让我感到非常焦虑，我似乎觉得自己没有权利去做这件事。"

对维多利亚来说，心理冲突处于两种可能性的交汇点上：要么继续做"丈夫的孩子"，生活在安全感中，放弃发展个人潜力；要么采取行动，取得进步，解放自己，实现自己的全部潜力，但同时也要直面一直被否认的存在焦虑。为了提高英语学习能力，维多利亚要做的只是一个选择……

故意失败与拒绝技能

如果想要被动地生活，仅仅依靠拒绝知识是不够的，还必须拒绝技能。事实上，所有人都经常这样做。谁没有抱怨过自己在手工、烹饪、办理行政手续方面无能为力？我们甚至常说自己在这些方面的欠缺是与生俱来的，是碰巧形成的人格特点，"没办法，我就是这样的"，"我对这件事不感兴趣"。事实上，我们觉得自己根本不想知道到底该如何做那些事。

然而，幸运的是，对大多数人来说，技能欠缺的范围都相当有限。但对共生融合型成年人来说，技能欠缺的领域却比比皆是，这令他束手束脚。亲人们甚至会觉得自己成了他的仆人，无论什么事都要出面帮他完成：办理各类手续、证件，还有解决电脑问题、电话问题、下水道问题等。共生融合型成年人还有另一个问题，即缺少方向感。所以，他总是要求身边人陪他一起出行。不过，明显的是，他不会采取任何举措来改变这一情形。他不会留意路线（忽视自身运用注意力的能力），不会记忆地标（忽视自己的记忆能力），不会想办法去预先规划与安排行程（忽视自身的行为能力）。因此，在日常生活的许多领域中，共生融合型成年人将自己的某些能力置于沉睡状态，以便否认自己的任何行为。

有些人恐怕会反对：某些共生融合型成年人有时也会

相当积极主动，甚至拥有相当多的知识和技能。其实，之前提到的加斯帕尔就是如此，他在计算机和手工方面知识丰富，总是会帮助朋友。然而，他从来不为自己做事。因此，共生融合型成年人想要逃避的并非知识和技能本身，他想逃避的，是知识与技能驱使他行动的这一可能。

失败、内疚、焦虑

拒绝做决定，拒绝行动：被动与不作为最终都会以强烈的内疚感为代价。总是感到内疚，这就是共生融合型成年人的特点之一。为了理解内疚感，我们需要将它分成三类。

内疚感意味着"意识到自己违背了某条规则"。如果这种僭越是真实存在的（谎言、暴力等），那么我们会说"真实存在的内疚感"。出现这种情形的时候，需要通过赔偿（惩罚）来解决。如果内疚感来自想象或幻想，那它就属于另一种性质了。主体感觉内疚，实际上他没有犯下任何客观错误。这被称为"神经性内疚感"。一些专家认为，这种痛苦的内疚感来自阴暗且主体无法接受的欲望、"坏想法"，例如暴怒之中希望亲人死亡等情形。

存在主义心理学家提出了第三类内疚感。当主体拒绝实现自身真实潜力、拒绝成为自己本来能够成为的人的时候，就会引发此类内疚感。事实上，我们当中许多人都有这样的感觉：如果我们有勇气去承认自己的人生规划，如果我们不再这样凑合地活，而是去追寻更加适合自己的生活，那么我们就会感到更加充实、快乐，就会更加认同自己。正是这种拒绝，产生了"存在内疚感"。此时，个体之所以感到内疚，是因为他感到自己在浪费时间、否认自己，他不敢放手生活，不敢追求理想。所有这些情形都像是他在对自己、对真正的自己犯罪。

于是便出现了两难境地：一方面，如果个体听从自己那些防御性指令，继续追求共生融合幻象，他就会感到内疚；另一方面，如果他尝试摆脱这种共生融合幻象，进而去体验真实的自己，他就会感到焦虑。总之，无论怎样选择，他都会内疚，或者焦虑。在这种情况下，共生融合型成年人总是会选择内疚。然而，他会小心翼翼地把这种内疚感藏在真实存在的内疚感之后。在他眼里，真实存在的内疚感比"存在"内疚感更容易接受。他甚至会因自己真正犯过的错与自我责备而自鸣得意，还会想办法获得他人的批评。他的不作为与反复失败（谎言、欺骗、偷窃、愤怒、错误等）都是为了给真实存在的内疚感提供理由，由此来掩盖"存在"内疚感。

心理治疗环节

所有父母都知道，仅对青少年说一句"你要对自己负责"是不够的，他还是不会承担起责任的。况且，"对自己负责"到底是什么意思呢？

在存在主义思想框架中，它是指人们站在自己的立场上，通过自己去观看、去知晓的行为。对自己负责的人会关注发生在他身上的事，仔细观察自己所做的事、所用的方法，详细了解自己所处环境、现有手段和资源，以及与人生规划有关的一切。尼古拉的故事展示了如何才能对自己负责：

尼古拉，13岁，圆圆的小脸，走起路来略显笨拙。在母亲的陪伴下，他来到我的诊室。在学校，虽然他数学和历史等科目成绩不错，但据他母亲说，他在拼写和语法方面存在相当大的困难。就诊前他已经做过测试，从测试结果可以看出，他并没有阅读障碍，也不存在专注力或注意力问题。口头表达时，他词汇丰富多样，且句子结构正确。

第一次进行心理治疗时，尼古拉做了一次听写练习。结果极为糟糕：他几乎没有写对任何一个单词。于是，我提出让他来帮我订正这段文字。惊喜来了，他其实是知道基本拼写规则的。那他为什么会犯这么多的错？

问及日常生活时，我注意到，与同龄人相比，他的行动自由明显少得多。母亲独自一人将他养大。如果没有母亲跟随或监督，他自己就不能出家门一步，而且母亲也会公开表达自己对儿子安全问题的过度担忧。两人之间没有任何秘密，仿佛每个人都是对方的延伸。母亲会毫不犹豫地定期搜查儿子的物品，且毫不隐瞒自己的这种行为。这种缺乏隐私、缺乏自由的情形，似乎并没有对尼古拉造成任何负面影响。相反，他尽最大努力与母亲"贴在一起"。

其实，学业上的困难都可以从母子间的这种密切关系中找到原因。在书写时，尼古拉根本不顾及语法与拼写规则。从这种情形中可以看出，已经进入青春期的尼古拉依然是个小孩，他无法对自己负责。说到底，他的每一个拼写错误都是在向母亲表达自己的忠诚。仿佛他在对她说："你看，妈妈，我们是不会分离的，因为我还没有长大。"

所以，在为尼古拉治疗的时候，不应该直接在语法[10]上下功夫，而应该想办法让他承担起自己的责任。母亲必须让尼古拉变得独立，第一步就是让他独自来诊室。在这样做的同时，她也在以默许的方式给尼古拉授权，允许他与自己分开、保持距离，从而完成个性化发展并长大。后来果然不出所料，他的学习成绩很快就提高到了令人满意的水平。

9
拒绝分离

情感依赖问题

1985年,"情感依赖"这个词因罗宾·诺伍德(Robin Norwood)而广为流传。在著作《爱得太多的女人》[1]中,这位专门研究酗酒问题的心理治疗师提出,应当将"依赖"与"成瘾"归为一类。自这本书出版以来,人们经常用"情感依赖"一词来描述某些依恋模式在恋爱关系中遇到的困难,其特点在于无法忍耐寂寞、害怕被抛弃、需要得到对方的安抚、无法表达自己的欲望。

不过,情感依赖果真是成瘾问题吗?根据法国国家健康与医学研究院(INSERM)给出的定义,"成瘾属于大脑病症,其特点在于对某种物质或活动的依赖,后果可能致命"。1990年,美国精神病学家阿维尔·古德曼(Aviel Goodman)定义了成瘾的四个主要特征:反复尝试之后仍无法抗拒某种物质或活动;屈服之前紧张程度升高;屈服于诱惑时会产生巨大的放松感;行为失控。成瘾对象可能包括烟草、酒精、食物和性活动。正是基于该模型,一些学者针对伴侣关系制定了情感依赖评判标准:

- 即使伴侣关系不健康、不尽如人意,情感依赖方也无力断绝关系;

- 即使伴侣关系无法令人满意,情感依赖方在一次或多次分手后也会情不自禁地与对方重归于好;
- 经常与对方相处是他应对空虚和孤独感的唯一方法;
- 一想到结束关系,就会产生恐惧感。任何决裂都会引发严重焦虑、无法抑制的痛哭、睡眠和食欲问题,以及自暴自弃的想法。

许多人——无论是男人还是女人——都会觉得自己符合这些评判标准。不过,总体上,心理学和精神病学还不大可能在情感依赖和成瘾之间画等号。只有极少数研究人员尝试将不同病理依赖模型[2]纳入统一范畴,但科学界对这种做法没有太多兴趣。诚然,将对他人的依赖与成瘾概念进行类比,就是在断言问题并非来自依赖者本人,而是来自其依赖对象。引发成瘾的源头在对方身上,就像尼古丁或酒精等具有令人上瘾的力量一样。但正如心理学家米歇尔·拉里维(Michelle Larivey)所指出的,如果接受这种观点,"那就意味着,摆脱这种成瘾模式时,只能控制自己的意志,同时还要系统性地避开诱惑。于是,无论出于何种目的,'情感依赖者'都绝对不能满足自己最基本的情感需求"[3]。换句话说,不应该把分手视为情感上的"停药"与戒断问题。分手时当然会想念。但是,如果仅仅把想念与"停药"进行类比并把所有注意力集中在这种反应上，那么恐怕会把情感依赖问题简化成普通的机体问题。

因此，在下文中，我们将再次回到存在主义心理学，站在存在主义角度上探讨情感依赖问题。也就是说，将这种情形视为拒绝展现自己、拒绝独立自主的后果。

情感贪婪

分离焦虑与被抛弃恐惧

玛格丽特感觉"自己被困住了，陷入了一段没有出路的关系"。她40多岁，在一家大医院里担任行政职务。在过去四年里，她一直在与一个已婚同事偷情。从一开始，让就在暗示，这只是一段单纯的性关系。因此，玛格丽特和让习惯于偷偷摸摸地在其中一方的办公室中见面。他们从来不会一起出行，也不会互相打电话：让拒绝提供自己的个人电话号码。他们最多可以通过电子邮件交流。不过，即便如此，也仅限办公时间，而且只能通过工作邮箱。每到晚上、周末和假期，他就会断联。

他们的关系模式一直如此。周初让的电子邮件中会有许多性暗示。周中，让积极性很高，会去玛格丽特的办公室见她。之后就是静默，直到下周。起初，玛格丽特对这种情况感到满意。在她的想象里，随着时间的推移，让会更加投入。但是，四年了，情况并没有改变。今天，当她乞求获得一点温柔的时候，让的回复是："你问的问题太多了。"

玛格丽特说："他从来不对我说任何温柔的话。这段关系中我只有期待、焦灼和失望。对他来说，我只是一个玩具。我觉得自己很傻很可笑，但我又无法离开他。"她认为自己不可能再结识他人。她总是一副卑躬屈膝的姿态：要么不断贬低自己，要么总想隐身。很明显，她害怕遭人拒绝或被人抛弃。"当独自一人的时候，我会一遍又一遍地读我们之间的往来邮件。我像有强迫症一般。我喜欢数信件的数量，然后进行统计。有的时候，让会连续几个星期一点儿消息都没有，对他来说，这样做一点儿问题都没有。然后，他会突然重新出现，没有一句解释。我什么都没说，我接受了。我太害怕了，怕他会离开我。"

玛格丽特与其他许多共生融合型成年人一样，从她的故事中我们可以明显看到分离焦虑和被遗弃感——这两种感觉之间绝对不能画等号。

分离焦虑是"非安全型"依恋的标志（参见第6章第4节中"来自依恋理论的启示"）。其常见原因是创伤性事件，例如，童年时期的早期分离、父母之一去世，以及父母不负责抚养、不在身边、疏离、很少提供帮助、拒之门外的态度等。在某些重大事件的发生过程中，父母可能没有为孩子提供良好支持与陪伴，例如交由保姆看管、进入托儿所或幼儿园、弟弟或妹妹的到来、搬家、移民。在这些情境中，孩子感觉自己特别容易受伤，之后会对任何分离产生恐惧。任何年龄都可能被诊断为分离焦虑，其特征如下：

● 主体一想到与依恋对象分离，就会出现过度反复焦虑。

● 分离时，他想要知道依恋对象在哪里，过分担心其安危，同时尝试与其保持联系；他还会对其生命产生过度恐惧。

● 远离家宅时，他会感到悲伤和不快乐。他会怀念家宅。

● 如果存在分离焦虑问题的主体是孩子，那么他会害怕迷路，怕再也见不到父母；他拒绝离家，拒绝上学，拒绝单独行动；他会有"黏人"表现，在家里时会跟着父母，或者要求他们陪伴；他害怕上床睡觉，要求有人在场，直到他睡着为止，晚上也会起床去往父母床上；他会经常做噩梦，梦见摧毁家庭的大灾难；经常产生与死亡有关的忧虑。

◉ 分离时，无论是成人还是儿童，都会出现胃痛、恶心、呕吐、头痛等症状。

被抛弃焦虑则伴有攻击性和嫉妒心，主体会无法容忍焦灼感，出现被动倾向，同时还会产生一无是处感。"主体极度焦虑，在这样的焦虑中，所有外部支持都是不够的。他总是会害怕失去爱情、失去对方。当然，这种焦虑可能会得到暂时缓解，但它却不会消失，总是会伺机出现。这种过度焦虑也会导致主体害怕展示自己的真实模样。主体可能会觉得自己必须欺骗他人，由此来取悦他人，获得他人的重视，吸引他人的注意力。可以看到，他对爱意的索求是永远填不满的，同时他也会贪恋这种爱意的有形证据和抵押。"[4]

在分析共生融合型成年人的这些行为之前，我们先去看看抛弃行为对婴儿产生的影响。

早期情感剥夺

实验[5]表明，如果母亲不去注意自己的孩子，转而去专注某个外表逼真的洋娃娃，那么婴儿会立刻出现情绪不稳症状。不过，如果把洋娃娃换成一本书，就不会出现这种状况了……通过这些观察结果，研究人员认为，婴儿早在6个月大时已能表现出嫉妒行为。

但是,如果父母的注意力转移不是只有几秒钟、几分钟,而是无限期地持续下去,那么又会发生什么呢?20世纪40年代,精神病学家勒内·斯皮茨(René Spitz)回答了这个问题。当时,他对交给孤儿院和医院照料的6至8个月龄婴儿进行了观察。其中多名婴儿尽管得到了较好的照料和营养,但仍表现出焦虑和抑郁迹象,并最终死亡,身体和医学方面的护理并没能挽救他们的生命。斯皮茨认为,这种现象只能解释为情感剥夺的影响,也就是说,这种后果是由无人与这些婴儿建立持久且个性化情感关系而导致的。

自这项研究结果发表以来,人们已经充分认识到,情感刺激和交流剥夺乃至匮乏都会导致勒内·斯皮茨所说的"因婴儿期被剥夺母爱而导致的抑郁"。起初,婴儿会哭闹并抗议,想要抓住近处的任何人。大约一个月后,他就只会以尖叫来表达抗议了。之后婴儿就会出现体重下降和智力发展停滞情形。从第三个月起,婴儿会出现心理运动迟缓和情绪淡漠症状:面部不再有表情,笑容消失。此外,婴儿还会出现空洞的延伸以及眼球协调障碍。随着时间的推移,孩子不再说话,拒绝接触,失去食欲,甚至可能任由自己死亡。然而,如果孩子能够重新找到一个依恋对象,那么该过程是可以逆转的。不过,它仍会在与情绪有关的大脑区域留下后遗症。

情感剥夺型抑郁不仅发生在孩子身上,也会发生在成人身上。主体表现出的情感贪婪、害怕被抛弃、缺乏希望、某种程度上的情感发展迟缓都是这种抑郁的表现。可以看到,这里面也出现了共生融合型成年人的某些特点。于是便能引出这样一个假设:共生融合型成年人从未从最初的婴儿对成人的依赖中解放出来。他依然表现得像个被剥夺了令人满意的情感纽带的小婴儿。他会哭泣、抗议、紧紧抓住身边的人,总是觉得不得不去缩短自己和对方之间的距离,还会尽可能地压制并否认可能引发分离的任何情形。孤独(无论是真实的孤独,还是想象的孤独)时或者只是远离他人时,他都会出现对彻底湮灭的恐惧,也就是说,出现对死亡或陷入疯狂的恐惧。代偿失调近在咫尺。

让我们暂停片刻,讲一讲这个重要术语。在一生当中,大多数个体能够补偿自己的缺陷,尤其是存在焦虑对其心理稳定性的影响。不过,另一些个体却会突然彻底崩溃,出现严重症状,例如反复出现的恐慌发作、抑郁或其他精神障碍。这就是我们所说的"代偿失调"。

可是,对于共生融合型成年人而言,存在焦虑的补偿存在问题。更确切地说,他设法找到的相对平衡不够稳定,总是存在崩溃可能。这是因为,他过于依赖别人,对自身资源的依赖程度不够。共生融合型成年人能够感觉到崩溃在即，为了避免这一情形，他必须确保不断有亲人在身边。他还必须确保没有第三方干扰自己与亲人之间的关系，他害怕这种干扰会破坏共生融合关系。所以，许多共生融合型成年人会将世界一分为二：亲人和其他人。一方面，他努力抹去自己与亲人之间的关系界限；另一方面，他也会在自己与其他人之间竖起一道名副其实的怀疑、恐惧、冷漠甚至敌意之墙。

福斯蒂娜说："我可以为朋友们献出一切。我对他们非常慷慨，但是对其他人，我什么都不给！对于我认识的人，我会把他们当作宝贝来呵护；面对圈子之外的人，我会变得非常苛刻，非常疏离，甚至会有些不近人情。"

亲友圈内毫无界限，圈外人禁止入内，这两种状态同时存在。由于"不可向陌生人敞开心扉、如有可能不要认识新朋友"这条指令的存在，"不可分离"指令得以强化。每一个陌生人都被视为潜在分离因素、"共生融合的破坏者"。

否认自我与他人之间的界限

让我们先来看看"共生融合幻境"（亲密亲友圈）里发生了

什么。消除自我与他人之间界限的愿望首先表现为对透明度的迫切需求。共生融合型成年人总是会毫无保留地向对方交代自己，不停地叙述自己生命里的小事件。他根本没有内心世界、没有隐私可言，也根本不理解什么叫"有所保留"。事实上，他拒绝建立真正的隐私、秘密花园、只属于自己且可作为个人独特性基础的内心世界。"不向他人倾诉某些个人信息"这种想法本身会引发严重的僭越感和内疚感，以及令他焦虑万分的孤立感。

面对他人的时候，共生融合型成年人同样会要求对方透明。如果某些亲人不经常向他汇报自己的行踪，他很快就会觉得对方在与他作对。作为例证，我们再来看看福斯蒂娜这个案例：

> 福斯蒂娜不断索求亲人们的注意力，呼唤他们，拉拢他们。她就像仍与父母一起生活的小孩，无法想象他人对相对独立生活的需要。此外，从存在主义心理学的角度来看，"独立"这个概念太可怕了，她没有把它归入任何一种心理类别。所以，她无处不在，抹杀了所有界限（空间、时间、象征含义等）。她的好奇心更像是病态的嫉妒心，她总是想要去控制他人的言谈举止。她会监视他人，要求他们向自己"汇报"行程安排。

很小的时候,她就已经学会了这样做。福斯蒂娜的母亲同样存在共生融合倾向,她不愿在自己与女儿之间建立鲜明的界限。福斯蒂娜说:"我十一二岁的时候,母亲还在为我准备奶瓶!回想起来,我明白了,那时她希望我可以尽可能长久地给她当婴儿。"

对自我与他人之间界限的否定也可以表现为过于不拘小节。在这种情况下,共生融合型成年人随意而为,想做什么就做什么,在任何地方都像在自己家里一样,自由散漫,自己的东西随处放。他常会出现不雅行为(露出脏污的床单、个人物品摊开一片、如厕时打开厕所门、裸体行走)。他不惜一切代价地逃避独处,不愿关上卧室的门,此外还有一种明显举动:通常而言他不愿关上自己打开过的任何东西(瓶子、罐子、橱柜门、袋子等)。

他的世界是开放的,没有任何限制,所以他自然会希望亲友们也是如此。如果亲友们不愿意,他就会立刻动怒。亲友之间必须分享一切:空间、物品,还有金钱,似乎这些全都是公共财产。

在极端情况下,共生融合型成年人可能表现出"俘虏行为"。也就是说,他倾向于独自占据身边人的物品、注意力和温情并拒绝让给他人。这种占有欲常见于2岁以下的孩子,但也会出现在某些拒绝孩子独立的母亲身上。

心理治疗环节

存在主义心理治疗工作的重点之一是让患者建立起真正的内在自我、属于自己的私密的内心世界——或者说，建立起一个秘密花园。就建立方式而言，这件事一点儿都不复杂（至少在表面上）：不要每次都屈从于向亲人讲述一切的需求，把某些事情（想法、事件）留在自己心里，这样就足够了。这项练习看似微不足道，但对于某些共生融合型成年人而言却是一项挑战，可能会让他们产生背叛亲人的感觉，同时产生一种痛苦的孤立感。必须学会驯服这种感觉，同时在自己和他人之间建立起真正的界限。写日记会有帮助，对亲友圈之外的其他人敞开心扉（关于这一内容，之后会有详细讨论）也会有帮助。

为他人牺牲

之前已经看到，共生融合型成年人总是倾向于以代理方式行动，甚至会帮助他人，但他本人却不愿去做自己，不愿投入自己的人生并成为主角。在家庭和伴侣关系中，他常常更进一步，把自己放在为对方服务的位置上，牺牲自己，把对方的利益和幸福放在自身之上。这是因为，他将对方视为自己精神生存的保障，于是在各个层面上都发生了理想化情形。用一些存在主义心理学家的话说，对方成了"终极救世主"，没有了对方，他就什么都不是了。

所以，共生融合型成年人会把一切都献给孩子，会去帮助年迈的父母，会尽可能为配偶做事……实际上，重要的不是对方本身，而是关系。此外，这种奉献行为的目的也完全不是对方的幸福，最重要的是绝对不能出现可能危及关系纽带的任何举动。

无力说"不"

最有可能维护关系纽带的行为之一是绝对不和对方对着干。因此，共生融合型成年人通常没有能力说"不"。也就是说，他做不到坚持自己的意愿。他小心翼翼，生怕别人反感，一想到被他人排斥，他就会恐惧不已，所以他总是会不断地否认自己。例如：即使头发被剪得一团糟，他也会感谢理发师；面对完全吃不下去的菜，他也能装出一副尽心品味的样子。他是摆出一副无所谓姿态，是"打碎牙往肚子里咽"的高手。

无力说"不"意味着极力说"是"：无论情况如何，他都能做出一副同意对方观点的样子。共生融合型成年人总在预测身边人想要什么，但是，他也总有一种悲剧感，觉得自己永远无法满足他人的期望，或者觉得自己总是做得不够。例如，他难以送出具有象征意义的低价礼物。他觉得自己必须多做一些，仿佛自己总在还一笔永远还不完的债。这种欠缺与慷慨无关，但却可能导致事态朝着几乎无法想象的方向发展。

佩内洛普，36岁，她说："当我同意和某个人喝一杯的时候，我就已经知道了，就算我不喜欢他，我也必须和他上床。我会觉得，他都专程来见我了，感觉我欠了他点儿什么。"

在收礼方面，共生融合型成年人做得也不比送礼方面好。收礼时，他总是会觉得自己不值得。他无法信任关系纽带，这种情形当然会令他的日常生活极度痛苦，也会导致共生融合型成年人自愿成为受害者。

同意成为受害者

共生融合型成年人总是会全盘接受，所以他也能接受背叛、暴力和虐待。他甚至会想办法原谅对方，并承担下所有责任。当然，从根本上说，他本人的确就是受害者，他也会把自己当作受害者来看待。而且，从某种程度上说，他倾向于引导别人来证实自己的受害者身份。

在家庭、情感关系、工作等许多共生融合环境中，我们都能发现这一受害者心态。许多共生融合型成年人都会觉得，自己已经付出了一切，但自己的奉献却没有得到足够的回报。他们会觉得自己几乎完全受对方(配偶、父母、朋友、上司)掌控。就算他爱对方，他也会暗中将对方祭为(幻想为)刽子手，因为对方总是处在有能力断绝关系的位置上。与此同时，刽子手也是救世主。在共生融合型成年人眼中，对方拥有无可比拟的优点，能够保证他的共生融合幻象、阻拦他的存在焦虑。当然，这种情形也伴随着大量矛盾。面对救世主兼刽子手，共生融合型成年人必定会体验到相互矛盾、爱恨交加的感觉。

正如欧文·亚隆所指出的："一方面，他最迫切需要真实关系所带来的安慰与快乐；另一方面，他又是最不适合建立此类关系的人，真是既悲哀又讽刺。"[6]简单地说，他无法与他人分离，无法将自己从他人身上取下来，这种情形只能产生孤独感。还有另一个原因，尽管共生融合型成年人贪婪于温情，尽管他竭尽全力去满足自己的这种贪婪，但他往往无法与对方建立真实的联系。

心理治疗环节

贾米拉，26岁。面对他人，无论是亲人还是陌生人，她总是接受一切:"我从来都不知道自己到底想要什么。所以,丈夫看电视的时候,即使我觉得节目非常无聊,我也会一起看。最糟糕的是,我怕惹他生气,所以困了也不敢去睡觉,只是坐在沙发上,想别的事,做白日梦。其他情况也是如此:丈夫总在我之上。当他让我来决定吃什么菜、看什么电视节目的时候,我都不知道该说些什么。有时他会提议,让我下午歇歇,他来照顾孩子。但光是让我想一想'做我想做的事',我就会彻底惊慌失措!我会感到焦虑,而且不知道自己在为什么而焦虑。所以,我更喜欢让别人去做他们想做的事,即使这些事让我觉得痛苦难耐。我在餐厅当服务员,由于我总是面带笑容,有时客人会给我一些礼物。最近,有一个客人送了我几本由莫泊桑、果戈理、梅里美写的书。我没敢说自己不想要。我强迫自己读这些书,以免让他失望,但这真是件苦差事!'不'这个字我真是说不出口。"

为了实现深层改变,贾米拉必须学会让他人"失望"。这是因为,长大意味着不再服从于父母,意味着拒绝成为他们欲望的延伸;同理,一个人必须有能力让他人失望,也就是说,他不能总是屈从于他人的意志或期望。所以,贾米拉做的第一件事就是,在她工作的餐厅里,午餐时间，她清晰地向同事们表明自己想要吃什么。对我们大多数人来说，这一行为根本不值一提，但对她来说，却似一道难以克服的障碍。

"当我说出自己想要那道菜的时候，我觉得自己都要晕倒了。我在颤抖，脸也红了。我觉得自己壮着胆子做出了一件无法想象的事。其实根本没有人在意，什么都没有发生。想了想，我也就安心了，甚至还觉得挺开心的。于是我就越来越自信了。"

共生融合型成年人性行为的各个方面

任何爱情或性关系都涉及一定程度的共生融合。然而，共生融合型成年人的性行为却有一些特定特征。从根本上说，之所以会有此类特征，是因为他无法与他人交流，无法将他人视为与自己彻底分离的他者。

感情混乱

我们完全有理由相信，共生融合型成年人存在移情缺陷，很难想象并感受到对方的想法和感受。在他眼里，他人似乎只是一个想法，只是头脑中的一个概略呈现。他从来没有把他人当作个体来看待、感受，没有考虑过他人的整体性或纵深性。所有关系都停留在表层。说到底，对方的价值只在于其防御用途而已。

共生融合型成年人无法与亲人建立起完整的关系，遇到亲友圈之外的陌生人时，他所建立起来的关系就更加破碎、混乱了。在他眼里，陌生人永远是危险的，可能会破坏家庭忠诚并打破他与亲友圈之间的共生融合。因此，他会与陌生人保持一定距离，还会对自己下达这样一条无声的指令："我绝对不能与亲友圈之外的陌生人建立关系纽带。"

其实，共生融合型成年人不但难以与他人建立真正的联结，他与自己之间的关系也是肤浅且片面的。事实上，之前在讲到"拒绝做自己"的时候，我们已经提到过，成为一个独立个体，这件事会让他感到害怕。不过，"作为个体的自我"（身份）的抹杀也导致他在事实层面上无法把握"作为个体的他人"（他者）这一概念，自我只存在于与他人的关系之中（就像明与暗、善与恶等概念一样）。"作为个体的自我"和"作为个体的他人"这两个通常概念被"作为集体的自我"（这集体是指亲友圈）和"另一个笼统且具有理论体系的集体"（亲友圈之外的世界）所代替。

福斯蒂娜说："从我记事起，对我而言真正重要的人就是我的家人和朋友。我一点儿都不害怕告诉他们我对他们的爱，我也可以把一切都献给他们。至于其他人，无论是同事，还是我结识的那些男人，他们都只是路人。在这种情况下，对于爱情，我不太关心，此外，我也从来没有爱上过他们中的任何一个人。"

对许多共生融合型成年人而言，与亲友共生融合的幻象导致他们在概念上模糊不清。所以，在共生融合型成年人眼里，他与每一个亲友都建立起了一段伴侣关系。比如，他可能会与母亲建立起此类关系，总是与她保持联系；此外，与密友之间也是如此，他会要求对方持续提供支持。他要求每一个亲友与他相处就像夫妻之间相处似的：如果有谁远离，他就会感到失望，感觉自己被人背叛了，还会大闹一场。

此类亲情、爱情、友情混合的复杂感情绝对只能留给家人和朋友。在亲友圈之外，一切都完全不同。与他人交流时，共生融合型成年人会切换至疏离型暂许进入模式，不会有任何承诺和付出。

福斯蒂娜说："如果我在家人和朋友之外动了真感情，我就会有一种真切的感觉，觉得我背叛了亲人……"

共生融合型成年人拒绝离开共生融合幻境，于是就会在亲友中（通常是朋友）笨手笨脚地进行爱情投资，所以他也很难分清爱情和友情的区别。

性取向不稳定

鉴于这种爱情、友情相混淆的态度，发生与性别划分有关的模糊也就不足为奇了。与亲友圈从属关系相比，性别从属关系似乎没有那么重要。于是，许多共生融合型成年人在性取向方面总是会犹豫不决。他们中的很多人都曾谈到过这个问题给他们带来的严重焦虑感。

佩内洛普说："我经常问自己是不是爱上了闺蜜。我们初中就认识了。我无法与她分开……当然，我也有过很多男朋友，但是，我必须承认，我经常问自己，如果和她在一起的话，事情是不是会更好。"

加埃唐说："最近一次分手之后，我单身了一段时间。那时，我觉得自己没办法再去找女朋友。有一天，我想到，自己是不是个同性恋。然后我就有了一种解脱感。我想到：'一定是这样，我是个同性恋。'这个想法似乎让我获得了解脱，我对自己的那些疑问一下子就全都消失了。可是，没过多久，我就感到了恐慌。我也知道，我更喜欢女人，但内心深处有一部分却在对我说：'你确定吗？'"在性取向这个问题上，加埃唐纠结了十多天。在这段时间里，他不停地纠结，从一个立场跳转到另一个立场，在心理治疗过程中他经常站在自己的对立面上。

这种思维反刍与拒绝选择、拒绝行动、拒绝做自己、拒绝投入有关，此时出现这种情形一点儿都不奇怪。但是，我们也必须考虑到问题的另一个方面：共生融合型成年人可能很难在不同类别（异性恋、同性恋、双性恋等）中做出一个选择，对于这一选择的含义，他却并不了解或者不以为意。事实上，一方面，在头脑中他能够对这些类别的表述进行分析处理（只要这些类别以概略形式呈现且与他保持一定距离），另一方面，拒绝与亲人分离的态度也会禁止他将身体所表达出的情感价值（吸引、排斥等）与这些类别进行关联。说白了，如果他感知到了人体的性价值，那么他与亲友圈成员之间就会出现裂痕与分离情形。他坚持否定的那些界限也会重新清晰地出现，于是，共生融合幻象将不再成立。分离和被弃威胁也将再次出现。所以，共生融合型成年人想方设法避免人体对自己产生的影响，将人体视为简单的中性存在，避免将它与感觉和情绪关联起来。

(几乎) 没有性欲

性取向不稳定经常会导致他们对性生活缺乏兴趣。许多共生融合型成年人罕有兴奋感，并对什么是高潮感到困惑。此外，任何身体上的接近都会给他们带来不安、扰乱的感觉。这一点与裸体无关，而在于"心思不在行动上"这种感觉。

安杰拉，26岁，她说："亲热的时候，我会想很多。例如，我会问自己，是否应该做这个或做那个，我的做法是否正确。我总是像局外人似的观察自己，一点儿都不自然。"

在这种情况下，高潮通常只能是个谜。共生融合型成年人承认，不知道自己是否曾经有过高潮，或者说自己"似乎"有过高潮。的确，通常而言，他接受亲密行为是为了取悦对方，他自己对这种行为没有多少兴趣。他甚至承认，对他来说，没有亲密行为也没多大关系。这些共生融合型成年人难道就是"无性恋"吗？

根据无性恋宣传协会的说法，"一个人可能会在视觉上受到某个人的吸引（审美吸引），或者会对某个人产生浪漫感（浪漫吸引），但是这些感觉中并没有包含性这一层面"。无性恋意味着对性生活完全没有兴趣。不仅如此，无性恋也可能伴随着性取向缺失，也就是说，没有对某个性别的特定偏好。在法国，无性恋占人口比例的1%，自青春期起出现。尽管没有欲望，但一些无性恋人士还是会走入伴侣关系（无论对方是否为无性恋），有时也可能为了满足伴侣需要而同意与之发生性关系。

一些研究人员推测，无性恋的根源可能是焦虑或羞耻，但很多人反对这一观点。越来越多的人承认，对性吸引力缺乏感知的原因并不在于精神障碍或创伤（如性侵犯），也不在于生理功能障碍（激素、生殖器、大脑等）。越来越多的人提出，没有性取向其实也是一种性取向，应与异性恋或同性恋等性取向并列。

当然，并不是说共生融合型成年人就是无性恋。不过，观察显示，他们的行为方式与无性恋相同。此外，除了性取向犹豫不定、欲望或波动或缺失、快感（高潮）不足之外，共生融合型成年人还会呈现下列特点：

"重要的是对方的快感。"共生融合型成年人认为对方的欲望高于自己的欲望。在亲密关系中，他倾向于为对方服务，牺牲自己，不考虑自己的感觉，甚至不期望得到性满足。

福斯蒂娜:"我不在乎快感。我不介意自己没有高潮。我只想让他高兴。"

"我害怕自己做不好。"这里会再次出现共生融合型成年人对自己无法胜任的恐惧,也会看到他的自我贬低。于是,在面对亲密行为的时候,他会努力提升自己的技巧和能力。

佩内洛普:"我总是在想自己要做什么、如何去做。我觉得男人高高在上。一想到可能会让他们失望,我就不知所措。我担心其他女人比我更好。我觉得自己必须在性方面表现出色,正因为如此,性让我感到害怕。我觉得自己做不到。"

加斯帕尔:"做爱的时候,我会问自己:'必须表现得像个动物吗?必须喊叫吗?'我会问自己很多问题。例如,每次接吻的时候,我都会问自己,接触角度是否正确,是否应该把头向右或向左再倾斜一点。"

"我觉得自己像个局外人。"很多人在叙述中经常会提到心不在焉或置身事外的感觉,也会提到麻木或昏迷。他们的思绪集中在表现上,或者去想与当下行为无关的其他主题。他们感觉与身体发生疏离。

安杰拉:"我发现自己经常去看墙纸或床单上的图案,或者去看卧室的装修细节。然后,我会意识到,我记不清到底发生了什么……"

"我假装它没有发生过。"和面对其他许多情况时一样,共生融合型成年人会拒绝承担任何责任。如果他能避免性生活,他就会感到解脱。大多数时候,他很少表现得主动,更愿意让对方行动。酒精往往能够帮助他在半意识状态下体验亲密关系,还能帮助他在之后否认发生过的事。

佩内洛普说:"我会说是,不是,是,不是,是……其实我同意,但很多时候,我觉得我并不是真的希望它发生。或者说,对我来说它不重要,它似乎发生在一个平行世界里一样。"

在所有这些叙述中,最常见的是面对性行为时挥之不去的焦虑感,甚至是恐惧感。精神解离和事后遗忘现象是重要线索。通常而言,创伤应激条件下会出现严重解离,尤其是在性侵犯情况下。解离就像思维和感觉之间的短路[7]。

不过,大多数情况下,经过双方同意的性行为并不属于创伤情景。从理论上讲，此类性行为恰恰说明这是个体尤为寻求存在感的时刻。不过，就算共生融合型成年人同意了，就算他有时也会感到某种欲望，但在性关系中他还是会有儿童面对成人的感觉。

此外，对共生融合型成年人来说，性行为只是人体或物体问题，是纯粹的有机体和机械之间的互动。他会避免对方（伴侣）身体对自己产生影响：他不会将对方视为某个特定的人，也不会将其视为一个真正的人，而是将其简化成笼统的、抽象的他人。他尤其不能把对方当作一个个体并投入进去，否则他就会产生感情，就会导致他与亲人共生融合的幻象变得更加脆弱。

因此，从共生融合型成年人的角度来看，性关系只是两个空洞身体的表层交流。如果不借助幻想和想象，如果不去发现他者，那么这样的关系很没意义。因此，许多共生融合型成年人在已有长期性经验的情况下仍然觉得自己像是处男或处女，这种情形一点儿都不奇怪……

心理治疗环节

福斯蒂娜："其实，我不怎么看男人的外表。只要能在他们的怀里找到安慰，那他们长什么样都无所谓。对于外表，我没有任何特别情感，我不会着迷，也不会心跳，或者说很少会有心跳的感觉。很奇怪，我没有任何偏好。无论如何，男人们只对我的身体感兴趣，而他们也只是我生命中一个又一个名字。我从不与同一个人共度两晚。50%的情况下只有前戏，不会有进一步举动。"

福斯蒂娜坚持做心理治疗已经很久了。她一边学习如何在自己与亲人之间建立界限，一边开始打破与亲友圈之外陌生人之间的"冷漠之墙"。地铁里、公交车里、大街上，她先学着去发现自己对陌生人的信任。然后，她学着去放松身体。当然，这并不是简单的放松练习，而是事关接受：接受更开放的态度以及与他人之间更近的距离。过程当中少不了严重焦虑："那时，我感觉自己似乎处于危险之中。我觉得自己做错了，似乎我没有权利向外界敞开心扉。似乎与他人交流就会背叛亲人。没有亲人，我感到少了些保护，感到有些孤独，只能靠自己。"

下一步则是回顾她曾经偶遇或见过面的男人，找到他们的独特之处。她喜欢谁？不喜欢谁？为什么？起初她根本回答不出来。然后，她开始更加仔细地倾听自己的情绪、自己的感受。过了一段时间之后，她结识了一个男人，开始了一段真正的关系。"经过了好几周我们才第一次一起过夜。那时，一想到即将一起过夜，我就感到恐慌。见面前一小时，我出现了视力障碍、心悸、巨大焦虑。我想叫停,但还是坚持下来了。我意识到,自己正在经历'第一场'真正的爱情。此外,在那个晚上,我的身体也有反应,流了一点血,似乎我还是个处女……与此同时,我也发现了人人都在谈论的快感——在那之前我一直无法获得的快感。"在这种情境中,性快感乃至普通快感,都标志着感受是更大程度的发自内心,她在以更加发自内心的态度去与他人交流。

"我不会退缩。发现这一点之后,我感觉好极了。我正在学习与父母保持距离,令人惊讶的是,我没有再因这种行为而感到内疚。但是,一旦发现了对生命的渴望,其他一切都变得毫无意义,因为它真的非常强大。"

没有比这更美妙的说法了,的确,摆脱情感依赖就是接受自己对生命的渴望。所以，在本章的最后，我想节选福斯蒂娜在彻底走入新生活时写给我的一封信：

"以前，和大多数人一样，我本以为生活会为我做出决定。那时的我，过着别无选择的生活。直到我开始思考那些真正的问题：'我能否过得更好？什么样的生活会为我带来快乐？'我发现，当我们准备好去聆听的时候，答案就会出现。现在，我发现自己经常在说、在想'生活真美好'，对此我自己都觉得不可思议。我发现了一系列令人难以置信的可能性。我想，我们是有能力决定自己的生活的。当然，也会有一些来自社会的限制：必须拥有一份工作，必须挣钱，等等。但是，接受这些限制之后，决策力的宽广程度也就显露出来了。"

10

共生融合陷阱为何有效?

亲密骚扰的主要后果之一是导致整个群体(家庭、伴侣、朋友圈)围着成年情感依赖者转。正如之前所述，某些亲人倾向于接近成年情感依赖者，在他面前表现得很积极；而另一些亲人则会与之远离，保持观望态度。在讨论如何摆脱这种局面之前，先要深入了解每一个人在其中的确切位置。仔细观察就会发现，会有这样的位置绝非偶然。

共生融合陷阱的关键

我们已经知道，照顾者之一会成为"主要照顾者"，而他本人既不知道自己是如何获得这个角色的，也不知道为何会出现这种情况。他只是情绪不稳的成年人惯于求助的那一个人。他变成了这个成年人和家庭其他成员的中间人，负责处理各种问题。于是，在其他人心里，他似乎成了毫无争议的监护人，负责照料那个情绪不稳的亲人。这个身份相当特殊，所以他比其他亲人更容易受到亲密骚扰的影响。以下这些叙述非常清楚地说明了这一点。

皮埃尔："两三年后，家人们为了保护自己，开始远离马库斯。前线上又只剩下了我一个人,对我来说,事态真是糟透了。在接下来的十年里,我总觉得哥哥在骚扰我。我看不到任何摆脱这种情况的办法。渐渐地,在做事过程中,我把自己当成了他的唯一负责人。事实上,是我自己把自己困住了。"

卡拉:"在心理治疗中,我才意识到自己和母亲之间的亲子关系颠倒了。这件事并不难理解,但我花了一些时间才接受:一直以来,我已经习惯了去为母亲负责。"

人们常说,主要照顾者是在物理层面或地理层面上距离成年情感依赖者最近的那一个人。他似乎是"最了解情况"的那一个人,与成年情感依赖者联系更加密切,他本人也更有耐心,等等。正如雅尼娜-索菲·吉劳德特(Janine-Sophie Giraudet)和安热·康特格雷伊-卡伦(Inge Cantegreil-Kallen)所写:"照顾者通常是他人指定的,而不是自告奋勇的,原因很可能在于其他家庭成员认为他能承担这一角色。"[1] 为了理解这一点,家庭系统心理学再次为我们提供了一个非常有用的概念:指定患者。系统心理学告诉我们,一个家庭中的多名成员构成了一个系统,在这个系统中,个体间的任何互动都会影响到整个群体,而整个群体也会反过来对个体产生影响。根据这一原则,我们可以将群体中某一个体的障碍（抑郁、焦虑等）视为整个家庭系统的困难。例如，在这里，可以把成年情感依赖者视为表达或体现家庭内部沟通问题的那个个体。可以说，该家庭是一个无法完善运作的系统，而成年情感依赖者则成了该系统的压力释放阀。在家庭心理治疗中，通常把这个人称为"指定患者"。"指定"这个词的含义是，群体内部盲目互动作用导致该个体成为压力最大的那一个人。从某种意义上说，他成了替罪羊，他的病使得这个家庭能够作为有机整体继续运作。

然而，在亲密骚扰情形中，情绪不稳的亲人并不是唯一被指定承担症状的人。从多个角度来说，主要照顾者也成了指定患者。事实上，他的痛苦既表达出了家庭功能障碍的某些侧面，也展现了他在家庭凝聚问题上做出的努力。因此，我们也许可以将他非正式地称为"指定照顾者"。现在就要去看看，为什么有些亲人比其他亲人更容易被指定为主要照顾者。其中的原因是什么呢？

如何就变成了主要照顾者？

如果你是主要照顾者，那么你可能和许多人一样，感觉自己被当下情形困住了，甚至还会有掉进陷阱的感觉。这种感觉是合情合理的。不过，关于"陷阱"一词我们还需要达成共识。

广义上，陷阱是用于捕捉、收集、扣留物或人的手段。这种情形是否与共生融合型成年人的意图或行为相符？表面上的确如此。无论如何，他的占有与依附行为、他总是将自己送入困难境地（职业、财务、感情等）的倾向、他在强迫亲人干预方面的能力的确会让人产生这样的印象。此外，由于共生融合型成年人总是努力将自己的责任委托给他人，同时还会使用一切可能手段来避免分离，因而他的计划的确具有一贯性特点，其中一部分是经过精心策划的，另一部分则是不自知的，其目的是保留、创造、维持某种形式的控制。事实上，这种控制的力量相当强，以至于照顾者不得不做出反应。所以，所有叙述都会以这样或那样的方式提及陷阱和禁锢概念，比如"我觉得自己完全被困住了"，"我没有选择"，"无论如何我都不得不干预"，"我不知道如何才能摆脱这种局面"。

不过，我们能就此确定地说成年情感依赖者是这一陷阱的唯一责任人吗？恐怕不行。我们甚至有理由相信，这是集体行动的结果，每个人都要为此事负责。

请注意，从情感依赖型亲人发出最初的求救信号起，亲友圈内每一个人的位置就会围绕情绪不稳的成年人进行重新分配：某一个亲人成为指定照顾者，而其他人则退后，在需要的时候再提供帮助（当然，有时候他们会从一开始就彻底拒绝参与）。但每个人又是如何找到适合自己的距离的呢？对此，存在主义心理学假设，人们根据精神安全感来调节自己与共生融合亲人之间的亲近程度，也就是说，隐隐之中他会尝试将自己和群体的焦虑水平降到最低。具体而言，群体中每一个人都会寻找一个异于他人的明确位置，在这个位置上，他的个人焦虑水平达到最低值。

当然，这样的安排是隐性的，而不是通过明确的口头谈判实现的。具体采用何种方式？他会对距离、强度、接触频率进行直观调节，仅此而已。例如，亲友圈中的某一个成员只有在与母亲近距离接触、与父亲保持一定距离、与姐姐保持更远距离的时候，才会感到舒适。家庭中某一个成员也会与其他所有成员保持一定的距离，同时注意他人之间的距离安排。无论如何，这是一种动态安排，它既取决于每一个人对人际关系距离的偏好，也取决于联盟和冲突；此外，就某个角度而言，这一动态安排还要服从于维护群体凝聚力这一首要需求。

不过，在这种情况下，指定照顾者总是与共生融合型成年人走得最近的那一个。这一事实恰恰说明，他需要与情感依赖者保持这种亲密关系，换句话说，他对共生融合关系的需求不亚于情感依赖者本人。其实，指定照顾者本人也是（尽管他很少能够意识到这一点）成年情感依赖者，也对分离和被抛弃感到恐惧。

通常而言，主要照顾者很难接受这一想法。他常常会为自己辩护。他会说，在亲密骚扰情形中，他是那个提供帮助的人，而不是那个请求帮助的人。他多半还会说，自己完全不存在共生融合倾向，他自己过着独立自主的生活，而且会为自己的行为负责。他说的没错，但这一情形只能说明他更有能力通过独立自主的行为以及真正的决策力与行动力来补偿其共生融合行为。但是，他身上仍然存在对共生融合的寻觅，这种寻觅虽然低调，但也足够强烈，足以让他去接受这段痛苦且具毁灭性的共生融合关系。

卡拉说："我的确害怕离母亲太远。我认为她需要我，也许是我需要她。如果听不到她的消息，我就会感到极其孤独。"

皮埃尔："我不得不承认，我非常依恋哥哥，也许依恋得有些过头了，此外我也非常依恋其他家人。说实话，我不得不承认，我也希望得到亲人们的安慰，尽管我认为自己相当独立，多少有些独来独往。"

这就是该陷阱的关键：如果指定照顾者想要摆脱亲密骚扰情形，他就必须了解他自己与得到帮助的那个亲人之间的共生融合幻象到底达到了怎样的程度。

11
从心理支持到心理治疗

我已经提到过存在主义心理治疗的几大原则。为了更好地了解对照顾者提供的心理支持以及对共生融合型成年人提供的心理治疗的好处，这里我需要对这几大原则做出进一步的澄清。

存在主义心理治疗的起源和原则

存在主义心理治疗[1]是20世纪60年代发展起来的人本主义流派的一部分。该思想流派尤为强调个体的自我意识、生活经历、个性以及反思、改变、成长、做出选择的能力。其思想基础在于，无论当下处境有多悲惨，无论情况看上去有多无望，都没有什么因素能够使主体深陷其中、无法走出。这是因为，在任何情况下，个体都有一种发展潜能，正是凭借这种潜能，他能够做出反应，找到能令自己的生活变得更加充实的目标，过上有意义的生活。

人本主义心理治疗师卡尔·罗杰斯彻底革新了心理治疗实践。他认为，心理治疗不应将关切重点放在患者症状或问题上，而应重点培养推动他不断自我实现的那股内在力量。他将这股力量定义为"一股内在的力量，一种微妙的流动，一种生命的源泉，一种对我们的物质实在而言至关重要的能量。落实倾向（通过行动实现自我）是每个人所固有的，为其发展、充实提供了可能"[2]。

对心理治疗师来说，采用人本主义方法时，他需要无条件地积极看待患者（不做评判），让患者感到自己得到了理解、欢迎和接纳。治疗师的基本态度是无条件地关怀和倾听。治疗师就像一面镜子，接纳并反映患者所表达的内容。而患者则通过移情关系对自己的情感经历产生新的理解。

对人本主义心理治疗师来说，患者能够在治疗中发生改变并获得充实感的原因并不在于治疗技巧，也不在于理论框架，而在于关系本身。此外，这一说法也得到了科学研究的支持。1976年，一项之后才出名的研究[3]表明，无论采用何种治疗方法（存在主义、认知、家庭疗法等），影响患者幸福感的最重要因素是关系的质量。进一步实验还发现，具有良好人际交往能力的非治疗师（导师、朋友等）也能通过定期与患者交谈显著改善其状况。

存在主义心理治疗步人本主义后尘，也非常重视治疗师和患者之间关系的真实性，但在此基础上又增加了其他几条原则。欧文·亚隆在其重要著作《存在主义心理治疗》中表明，我们的许多焦虑源自存在中那些重大问题所带来的挑战：死亡、孤独、无意义和责任。为了保护自己，我们会调动某些防御机制，但这些机制有时会走向极端、僵化。现在让我们来看看这些防御措施都有哪些，以及它们是如何反攻主体的。

防御机制有很多，例如，成为工作狂，诉诸冲动、强迫、愤怒、成瘾（酒精、毒品、食物、赌博、性），精疲力竭地试图控制一切但从来无法成功。不过，正如我们之前所见，防御机制也可能是情感上极度依赖他人，拒绝充分体验自己的生活，任由他人代为做出选择并承受其中的痛苦……欧文·亚隆写道："很多时候，这些人对自己的渴望怀有戒备心，或者想要消除这些渴望。事实上，许多人想要表现出自己的强大，于是得出一个结论，认为毫无欲求才是最正确的选择。他们还认为渴望令人脆弱，逼迫人暴露自我：'如果我什么都不渴望，就再也不会有失望或被拒绝的感觉了。'另外一些人则会把自己的渴望埋藏起来，幼稚地希望他人能够猜中并提前满足那些渴望。"[4]

所以，在心理治疗中，努力目标应该是让患者为自己负责，也为自己的感觉、自己的行为、自己的未来负责。在玛丽-诺埃勒·萨拉特（Marie-Noëlle Salathée）看来，存在主义心理治疗的目标是让人"敢于成为他内心想要成为的那个人，那个人是鲜活的，既能意识到生活的限制，也能意识到自己的需求、自己在资源方面的能力、自己在面对焦虑情形时的品性"[5]。因此在各次心理治疗中，心理治疗师会毫不犹豫地一再提出下列基本问题："此时此刻，你感觉如何？""你想要什么？""你在做什么？""你这辈子想做什么？"这些问题往往会让人感到害怕。这是因为，对于长期逃避这些问题的人来说，它们实在是太难回答了……所以必须帮助他。心理治疗师会使用苏格拉底式的提问方式，让患者本人去找到自己的答案。心理治疗师会利用观察到的每一个细节(姿势、面部表情、反应等)。举个例子，如果患者很少开口，那么此时就必须去问："你为什么不怎么说话？"

心理治疗过程中发生的事情是治疗工作的核心。例如，之前提到的那个患者，他说完每句话之后几乎都会紧张地笑一声。在心理治疗过程中谈论这个问题时，他意识到，这种紧张的笑不仅助长了他的不自信，而且还会向他人发出这样的信号："请别把我当回事，请不要在意我。"可以看到，看似不重要的细节却能令治疗走向深入，朝有益方向发展。

必须注意，存在主义心理治疗不能止步于思维的分析、理解或操纵：每次心理治疗都必须引发深刻变化。当然，在发生变化之前，必须首先接受会发生变化这一理念，这一点并不容易。许多患者会担心，也会产生抵触心理，他们会想："我应该成为另一个人吗？"所以，必须提醒患者变化的四个基本方面：

"我是唯一能够做出改变的人。"

"变化中并不存在危险。"

"必须先改变，之后才能真正获得我想要的东西，而不是获得想要的再发生改变。"

"我有能力改变。"[6]

此外，还要再加上之前已经提到过的这个关键点：存在主义心理治疗所说的改变的终极目标并非成为另一个人，而是成为真正的自己。

为照顾者提供的心理陪伴

之前我们已经看到过几个具体的心理治疗案例，在那些案例中，患者通过心理治疗在个人层面上发生了改变。现在，让我们来看看心理治疗师如何帮助照顾者摆脱共生融合陷阱。同样，在所有此类情况下，情感依赖和心理依赖都是相互的。当然，存在共生融合倾向的亲人依附于他的亲友圈，但指定照顾者本人也存在共生融合幻象（尽管其程度远没有那么严重）。在大多数情况下，心理陪伴与支持（而非真正意义上的心理治疗）即可帮助照顾者放弃共生融合幻象。

放弃掌控一切的愿望

指定照顾者很少会去质疑主要照顾者这一角色带给他的权力和权威。在亲友眼中,他对那个情绪不稳的亲人所处状况的判断最为可靠。他的话语不容置疑。亲友们绝对信任他,认为他能够采取任何行动和措施。亲友们会采纳他的建议,任由他管理财产、办理行政手续。同时,存在情感依赖问题的亲人似乎把指定照顾者当成了监护人,认为他作为权威既能保护自己,也能评判自己,能够代替自己做出几乎所有决定,如有需要也会毫不犹豫地教训或惩罚自己。

此外,主要照顾者如此坦然地行使这种权力,存在共生融合倾向的亲人也如此被动地臣服于这种权力,甚至可以说两者之间构成了一种"掌控关系"。事实上,我们可以注意到,其中的确存在着某种形式的支配乃至占有,甚至还隐约存在一种因随意处置对方而产生的满足感——当然,在看待所有这些情形的时候,必须把它们当作互相共生融合的意愿的表现。照顾者们的话明确表达出了上述含义。

"我需要控制哥哥的行为,尽管说起来很奇怪,但内心深处我有些喜欢这个角色。"

"我觉得丈夫就像我的孩子。我意识到,我对他有些占有欲,或者说有些说一不二,我对待他,就像对待一个孩子。我会情不自禁地这样做。"

"我经常无视他的意见和他的愿望。有时我也会朝他大喊大叫，夺走他的某件东西，以此来惩罚他。"

"有时我会问自己，我凭什么能去教训他。有时候我没有把他当作成年人来看待……"

在对亲人施加威权时，照顾者常会这样为自己辩护："我永远不会放弃他的。"

但问题就在这里：如果他说自己绝不放弃，绝不让亲人自暴自弃，就是在说要抓着亲人不放。毫无疑问，他会说自己是照顾者，所以有义务去支持亲人。但是，说实话，他的行为更像是占有与依附。

最后必须指出的是，主要照顾者这一角色带来了某些道义层面上的好处。

一个照顾者说："我认为其他家庭成员有些依赖我。他们经常会为我做的某些事而感谢我，也许我对此感到了某种程度的自豪。这种情形符合我的价值观，但是也许正因为如此，我没有反思过什么。"

一个照顾者受到伴侣的骚扰，她承认："事实上，他很清楚，可以依赖我好胜心强、精力充沛的特点。的确，把自己与他做比较的时候，我会觉得自己很强大，这一点让我很满意。所以，不知不觉中，我不仅承担了自己的所有问题，还接下了他的所有问题。此外，他父母也对我的做法相当满意。他们很感激我，于是我继续，直到精疲力竭。"

不过，如果想要摆脱共生融合陷阱，主要照顾者就必须留意自己对控制感的需求，同时还要注意其中的深层原因。其实，原因就在于总是被他自己否认的分离焦虑。事实上，每当有人建议他与亲人保持一些距离的时候，他就会以失控感反对这一建议，他会有一种无法抑制的冲动，想要去监视亲人，"以避免发生最坏情形"。但他所谓"最坏情形"是在指谁？绝不只是在说情绪不稳的亲人。事实上，对照顾者来说，最糟糕的事不就是再次分离吗？分离之后，他就不得不去面对有关孤独的存在焦虑。

因此，我们必须在分离上下功夫。首先必须承认这样一个令人焦虑的想法，坏事的确可能随时发生。也就是说，必须同时意识到自己的局限性：不可能代替他人面对生活中的所有意外，不可能用自己去代替帮助对象，不可能代替他去渴望、去选择、去生活。换句话说，如果想要摆脱共生融合关系，就必须认识这样一个事实：在自己和情绪不稳的那个亲人之间（以及所有个体之间）存在一段无法缩减、无法逾越的距离。这一事实意味着必须敢于在没有他人的情况下生活，换句话说，敢于站在自己立场上，通过自己去体验生活。

想要实现这样的放手，就必须反转视角：对于照顾者而言，真正的挑战并不是让情绪不稳的亲人变得独立自主（这种做法仍是在代替他去渴望），而是首先让自己变得更加独立自主。因此，照顾者在谈及情绪不稳的亲人时，不应该说"我希望没有我他也能活下去"，而应该说"没有他我也要能活下去"。

在心理治疗过程中，他需要接受这样一点：去过自己的生活，不要去控制存在共生融合倾向的那个亲人的生活。照顾者必须努力摆脱"不能少了我"这种想法。当然，这种变化必须反映在行动上。那么，具体而言会是怎样的呢？

被哥哥马库斯骚扰的皮埃尔说："我已经学会了不再进行任何检查。我也不再随时帮他，不再去一一回复他的电话，不再去立刻对他的任何要求做出回应。此外，我还会给自己留一些时间。这样做曾经令我相当焦虑，但我最终还是学会了与这种焦虑共处，驯服了它。"

让娜说："我意识到，我没有必要为了看护尼科埃尔而放弃度假。起初我觉得很难放弃对他的看护，这是因为，放弃看护就意味着承认儿子与我之间必须保持一定距离，以前我根本无法接受这种想法，但是，这恰恰就是问题所在。一开始，我感觉孤单，那感觉可以说是糟透了。但是，在坚持一段时间之后，我发现，放弃看护的时候我就没有那么不知所措了。"

正如皮埃尔和让娜所发现的那样，任何照顾者，当他不再去控制作为依赖者的亲人的时候，都必须去面对失去方向的感觉。他再次与自己面对面。

让娜说："过去，我一直在帮助亲友，无论是在家庭中，还是在工作上。在内心深处，我一直都是照顾者。现在，我意识到了，我之所以做出那些牺牲，主要是为了不去照顾我自己。"

任何分离都会引发令人焦虑的存在质疑：当我不再受"照顾他人"(儿子、丈夫、母亲)这一义务约束的时候，我应该做些什么？我应该如何安排自己的人生？可以看到，"意义何在"这一根本问题很快就会浮现出来，此时，应该做的不是逃避，而是直面。

不再承担他人的责任

我们已经清楚知道,从亲密骚扰情形出现的那一刻起,与情绪不稳的亲人有关的许多责任如行政手续、健康、金钱等就落到了主要照顾者肩上。主要照顾者在承担这些责任的过程中,也承担了对方的存在责任:为他的生活寻找意义,恢复他对生活的渴望,等等。但他终会发现,这项任务其实是不可能完成的。

皮埃尔说:"马库斯有糖尿病,还有其他一些健康问题,所以医生禁止他食用糖或蛋白质。然而,每当我请他喝点什么的时候,他都会去拿高糖蛋糕和饮料。在食堂里他总是能找到肉。以前,这种事会让我生气。我会监督他、教育他。现在,我随他去。我只是对他说:'这是你的选择。'对我来说,做到这一点真不容易,因为我必须接受这一点:是他本人在有意识地把他自己推入危险。不过,我现在知道了,生存还是死亡,只有他自己才能做出决定。"

普通责任也许可以委托给他人承担,但存在责任绝对无法与主体分离,所以也无法交换、分享。谁也无法背负他人的存在责任,除非是自欺欺人。要么放弃伪装,要么接受共生融合状况的永续，除此以外别无出路。

正如皮埃尔所说，如果马库斯决定把自己推入死亡危险（例如，食用对健康有危险的食物），那这就是他的选择，是他自己选择去冒死亡风险的。所以，每一个照顾者都必须完成一项象征性工作，要去接受亲人是一个独立于他而存在的个体。只有这样，主要照顾者及其他家庭成员才能走入哀悼过程的最后阶段（参见第4章第1节"照顾者的情绪关键"结尾部分）。这也是在接受他自己的存在孤独。因此，照顾者必须调整自己与情绪不稳的亲人的距离。例如，他应当摆脱"必须立刻行动"的信念；也不能再对所有的帮助和亲近请求一一做出回应；而且还要毫不松懈地告诉对方那是他自己的选择，后果由他自己承担。在这方面有一个不错的方法，即回绝成年情感依赖者向照顾者提出的两个根本需求：

- "你要完全对我负责。"
- "所有权利归我，所有义务归你。"

不要再拒绝自己

主要照顾者长期受到无处不在的内疚感的折磨，比如"我还可以多做一点"，"也许我做得不对"。这都是常见的抱怨。

需要提醒的是，内疚感不止一种。有时，内疚感来自真实存在的僭越。例如，没有勇气去回应情绪不稳的亲人，偶尔没有那么努力，感觉自己没有提供足够支持，这些情形每一个照顾者都会遇到。

加朗丝受到姐姐的骚扰。她说："有的时候，我实在无法去回应她了。此时我会不接电话。但事后我又会觉得非常糟糕，我告诉自己这样做是不对的。还有一些时候，我会因为自己感觉良好而自责，这个时候我就会想，姐姐就没那么好的运气来享受这种时刻了。"

如果照顾者能够退后一步，不强求自己去做那些不可能的事，允许自己偶尔不像往常那样努力，甚至认为这样做是有益的，那么这种内疚感就很容易被消解。

另一种内疚感并不来自真实存在的僭越，而来自照顾者自视错误或可耻的想法。这种内疚感就不大容易摆脱了。

弗朗西斯受到儿子的骚扰。他说："这种情况实在难以坚持，所以有的时候我会想：'如果尼科埃尔下一次自杀成功了，那对大家来说不是更好吗？'当然，事后我会立刻感到惊恐，就算是愤怒，就算是灰心，我也不应该这样想呀。"

通常而言，指定照顾者不认为自己会失败，也不认为自己的能力是有限的，出现这些想法的时候，他大多无法接受。不过，人就是这样，偶尔出现一些令人震惊、违背自身价值观的想法是一件很自然的事。必须知道，个体之为个体并非在于他的想法，而是在于他的所作所为。

正如我们之前所见，除了这两种类型的内疚感之外，还有第三种存在内疚感，它的根源在于拒绝自我实现。此时，主要照顾者往往会发现，"帮助亲人"这一想法实际上远比表面上更加自私。这里需要再次提及共生融合妥协以及照顾者对情绪不稳亲人的依赖。事实上，许多照顾者都表示，"帮助他人使我的生活有了意义"，"帮助他人能让我忙碌起来"，"每当我想到自己还没有实现人生目标的时候，不得不帮助亲人就成了我的借口"，"说到底，在他人眼中，帮助亲人绝对算是优点"。每个人都知道，帮助他人能够有效麻醉自己对终极存在挑战的感知力。把自己完全（以共生融合方式）献给他人的时候，似乎就没那么想去问自己那些问题了。我们会忘了自己。所以，任何寻求摆脱共生融合陷阱的照顾者都必须提醒自己，要过好自己的生活，要更加重视自己，否则他就会继续做无用功，最终只是一场空。

共生融合型成年人的心理治疗

这种情况真的可以治好吗?他的情感依赖,他那无处不在的依赖他人的需求,如何才能摆脱?首先,需要把情况分成两类。

第一种最为常见,共生融合型成年人能够较好地适应社会生活,他能过上相对稳定的生活,有一份工作,能够养育子女,有自己的住所,等等。一般来说,尽管他会过于频繁地向亲人索取帮助,但他仍然能够质疑自己,质疑自己遇到的个人难题,同时还会想办法过上更加令人满意的生活。

在第二种情况下,共生融合型成年人过着漂泊不定的生活,他一次又一次地失败,遇到经济困难、分手、问题重重的人际关系。他总是处于长期不稳定的状态,很难去质疑自己,甚至根本无法质疑自己。他不会真的去思考自己的责任,也不会寻求改变,更不会去寻求心理治疗师的帮助。

对于第一种情况,我们有理由去乐观看待。此类共生融合型成年人通常能够去质疑自己过度寻求共生融合这种行为,即使他很少会去制定计划来结束亲密骚扰情形。有时他也会去寻求心理治疗师的帮助,不过,咨询原因并非依赖。大多数情况下，他之所以寻求帮助，是为了克服突发焦虑、突如其来的抑郁，或者是因为"生活毫无意义"所带来的压迫感。这些难题是过度依赖他人所导致的无可避免的后果，但也意味着机遇：共生融合型成年人已经准备好要去参加心理治疗了。

此时所需的存在主义心理治疗时间较短，很有可能只需要6个月至一年就能获得收益：短期内，焦虑、内疚、愤怒问题就会得到缓解；中期内，亲密骚扰情形就会结束，有关症状（身体和心理）也会消失。然而，这并不意味着存在主义心理治疗是万能的：和其他疗法一样，它也有成功和失败之处，一切都取决于患者是否想要改变（之后我们会去看一个心理治疗实例）。

那么，不稳定或不适应生活的共生融合型成年人又会怎样？必须说，这个问题很复杂。事实上，此类共生融合型成年人往往会回避心理治疗师和精神病学家，同时还会拒绝与个人改变有关的任何建议。当然，在特定场合中（例如住院期间）他可能会同意进行一些面对面的治疗或小组治疗，但他总是不相信这种治疗会有效。他之所以会同意治疗，只是因为他感到自己不得不这样做，或者是因为他觉得可以通过这种新方式来继续维持依赖关系。然而，如果一个人没有付出真心，如果他没有真实存在的动机，那么心理治疗不会带来任何好处。情绪不稳的成年人很清楚自己身上存在问题，他也很清楚必须改变。与此同时，他总是认为当下并不是做出改变的好时机，或者他会认为自己没有能力实现改变。所以，亲友们只得等待那个可能发生的"突然下定决心"。

就算是在人格分裂等令人无法自理的严重精神障碍中，有时也会出现这种"突然下定决心"的情形[7]。尤其是在照顾者能够努力改善自己的心态，同时还尽可能善意对待不适应生活的亲人的时候。这里所说的善意并不是防御性的，所以并不是共生融合的，而是一种发自内心的善意，把全部存在责任留给亲人去承担，目标是让他一小步一小步地实现进步。一定不要忘记，觉醒总是有可能的，这个想法并不天真。

卡梅利娅的故事很特别。她的人生起初可以分为两个时期：前几十年中，她过着相对适应的生活；之后则出现了一个崩溃时期，许多年里，她变得性情不稳，也不再适应生活。不过，她做了一些存在主义心理治疗，之后恢复了独立自主，进入了人生的第三个时期，更加自由，更加坦然。

卡梅利娅是被一家医疗心理中心介绍来的。在诊所接待她的时候，我发现这个55岁的女人因为疾病变得非常虚弱，大量抗精神病药和抗焦虑药导致她疲惫不堪。她说话速度很慢，目光呆滞。我能感觉到她的手在微微发颤。卡梅利娅似乎迷失了方向，心灰意冷。她有理由这样。之前，她被诊断为双相情感障碍，刚刚在一家精神病院住了一整年。这种疾病的特点是抑郁期（悲伤、情绪淡漠、不问世事、自杀念头）和狂躁期（过度兴奋、躁动、不切实际的计划、无敌感、不计后果的冒险行为）交替，同时伴有偶发妄想（思想不连贯、迷失方向）。

在住院这一年里，卡梅利娅接受了大约四十次电击治疗（没有多少效果），之后接受了心理治疗。药物治疗多少稳定了她的情绪，但并没有赶走她那些自暴自弃的想法。她疲惫地说："我试着自杀过好几次了，这段时间也在考虑这个问题。在医院里，就在我出院之前，一位精神病学家还对我说：'夫人，您已经废了。'他还说，我现在唯一的解决方案就是住进养老院……"

卡梅利娅的磨难已经持续了15年。这15年间，她多次"发疯"，多次住院。不过，回看她的过去，似乎并没有什么征兆表明她会走上这样的路：既没有创伤，也没有任何残疾，更没有任何遗传问题。事情恰恰相反，卡梅利娅是在一个充满爱心、没有是非的家庭中成长起来的。在顺利完成高等教育之后，她如愿成为一名助产士并开始了职业生涯。

第一次妄想症发作是在30岁，当时，她刚刚离开父母，搬进自己的小单间。一天晚上，她突然失去了所有方向。她在哪里？当下是哪年哪月？她意识到自己根本不知道，同时一阵无法忍受的焦虑向她袭来，她觉得自己要疯了。然后她就什么都不记得了。后来，母亲紧急求助，医生对她进行了检查并安慰她说，这只是过度劳累导致的反应。生活恢复了正常。

5年后，卡梅利娅再次遇到危机。不过，这一次症状持续时间更长。她不得不被送入精神病院，在那里住了几个星期才恢复了正常状态。此时已经不再是过度劳累问题，有医生提出了双相情感障碍的可能。

卡梅利娅结婚了，生了一个孩子，之后继续顺利从事助产士工作。几年过去了，这期间她一直生活在持续焦虑之中。她又出现了几次"发疯"，起初间隔时间较长，之后间隔时间越来越短、次数越来越频繁，最后她陷入了慢性抑郁。

从那时起，卡梅利娅觉得自己注定这样沉沦下去。她几乎把自己关在家里，不再敢独自出门，担心自己随时会焦虑发作。她彻底依赖他人。丈夫已经离开了她，但还是会来看望她，帮助她完成各种日常事务，20岁的女儿也会来帮忙。

卡梅利娅患有双相情感障碍，这种问题会影响一些人，男性和女性患者人数相当。与大多数主要精神障碍一样，目前并不清楚其根本原因。最近的研究表明，存在基因遗传（可能涉及多个基因），此外也与大脑中某些神经递质的异常有关。但这些都不是真正的原因，准确地说它们只是易感因素。也就是说，某些人可能更容易出现上述障碍。事实上，双相情感障碍是在诱发因素的作用下出现并发展的。这些诱发因素主要是人生经历中的困难事件（早期丧亲、情感缺乏、意外事故等）、滥用药物和缺乏睡眠。

对于我这样的存在主义心理治疗师来说，显然无法对上述研究结论感到满意——当然，我无意去否认研究及现有治疗方法的意义。不过，存在主义心理治疗的观点总是倾向于让个体承担与自己有关的全部责任。所以，开展心理治疗之前必须提出下面这个问题：双相情感障碍的症状到底在多大程度上与某种特定的存在模式、应对终极存在挑战的某种特定方式有关？

在心理治疗过程中，卡梅利娅详细讲述了自己的经历，从中可以看出，她很早以前就已经开始拒绝站在自己的立场上、通过自己本人生活。她总是喜欢躲在幕后，而不是在舞台上展露自己。当然，在这样做的过程中，她变得越来越被动，越来越依赖他人，而且还逐渐形成了能够证明依赖有理的一些缺陷和不足：记忆力衰退、多种能力不足、方向感差，以及需要亲友圈支持和陪伴的其他各种问题。

依赖性是卡梅利娅的防御性存在模式。但是，正如我们所知，任何僵硬且过分的心理防御机制都是无以维系的。所以，尽管卡梅利娅试图否认的恰恰就是存在焦虑，但她还是不得不面对这些焦虑。一方面，她总觉得自己会被人抛弃，会自生自灭；另一方面，她也的确经常孤独一人。此外，对她来说，任何重大分离都意味着她有彻底湮灭的危险，最终导致她精神代偿失调。事实上，她的每一次"危机"都发生在亲人远离之后：首次搬入小单间、父亲去世、女儿出国留学、心理医生搬到另一个城市、与丈夫离婚……在每两次发作之间，卡梅利娅会设法补偿，过着相对稳定且独立自主的生活。但是，近些年来，她已经没有力量再去这样做了。她那共生融合的意愿已经无法通过反方向的进取心和自我实现（尤其是在职业领域）来补偿了。于是，她将自己锁入极端的共生融合态度中，总是觉得自己不如别人，总在寻求别人对她行为的认可。她说，她的世界是"一口大锅，装满焦虑，一切都很模糊"，"我已经什么都搞不明白了"。

从某种意义上说，患有精神障碍的人要对他自己的疾病负责——这种说法恐怕会让许多人感到震惊。如今，人们总说责任不在患者身上，认为精神障碍说到底主要取决于生物学因素。认为责任不在患者身上之后，相应地产生了一些照料患者的方式，这些方式令患者更加无能为力，剥夺了他们主动行动以治疗自己的想法。于是，事与愿违的是，他们变得越来越有依赖性：依赖机构（医院、精神病医生、心理治疗中心等），依赖药物，依赖亲友，以至于他们发现自己已经被赶出了自己的生活。

第一次心理治疗中，我问了卡梅利娅一个可怕的问题："您这辈子想做些什么？"她不明白这个问题是什么意思，于是羞怯地说道："我想去海边走走……"我不得不换一种方式来问："卡梅利娅，如果您现在20岁，我问您打算如何度过自己的人生，那您肯定不会和我说您想去海边走走，您也许会说，您打算读大学、从事某个行业、生一个孩子等等。"卡梅利娅在沉默中想了很久，最后坦白："我不知道。"所以，她已经完全忘记了自己有个未来。必须说，她走到如今这个地步，是之前她所接受的所有治疗导致的。最近医生甚至向她提出安排她进养老院。在这种情况下，她又怎么可能去指望点什么呢？

在存在主义心理治疗中，我们必须在患者拒绝承担责任这一点上下功夫，要让他重新成为生活和未来的主角。

与此同时，这一治疗方向也会为她赋予相当强大的治疗力量。这是因为，如果她能承认从某种程度上说病情是她自己导致的，她就会发现自己同样有能力摆脱疾病。

邂逅自我

他还必须找到自己，去思考到底是哪些特点让他成为独特、唯一的个体，而不只是某人毫无个性的延续。他必须重新找到他自己是谁、有什么感觉、想要什么。应该如何做呢？

从技术角度来看，我的一部分启发来自格式塔疗法。这也是一种存在主义疗法。格式塔（Gestalt）是一个德语词，意思是"形结构安排"。粗略而言，这种疗法关注的是我们看待自己的方式，在与世界和他人的不断接触中，我们为自己的存在赋予形式和意义，并随着一场又一场的事件对自己进行调整。在心理治疗中，凭借各种设计精妙的练习，有可能帮助患者重新意识到被他自己拒之门外的那些情绪。

一个著名且简单的例子，来自格式塔疗法创始人弗里茨·珀尔斯（Fritz Perls）的一名患者。在心理治疗过程中，该患者总是会机械性地敲打座椅扶手。是紧张吗？还是尴尬？抑或愤怒？后来，弗里茨·珀尔斯比他敲得更用力些。于是敲打逐渐变成了猛击。最后，患者把他一直努力忽视与压抑的愤怒情绪暴露了出来。这种愤怒显然比他在此之前表现出的无动于衷更加发自内心、更加真实。将愤怒展露并表述出来之后，患者就可以开始重新找回自己、重新与自己建立连接了。

格式塔疗法提供了许多练习，用于照亮个人未知面，其中一个就是"双椅"练习。患者与假想中坐在他对面椅子上的人对话。他先说话，然后再扮演对方的角色，坐在另一把椅子上回答自己，由此可以让情绪、信念、感觉层面上的各种矛盾面显露出来。心理治疗师观察他的手势、语调、姿势和其他细节，引发他的自我意识，也就是说，使他以新的方式来看待相关问题。该练习还能以另一种方式进行，即"空椅"练习。此时，患者不再与假想的人对话，而是与自己当下的问题对话。这个"游戏"看似普通，却能打开思路，让患者从习惯视角中跳出来，发现存在于自己心中但此前并未充分意识到的想法和表达。他意识到，自己并不是思想、情绪、欲望的被动容器，对这一切，他拥有全部处置权。

恐惧杀死了焦虑

之前已经提到过在心理治疗中会反复出现的三个根

本问题："您感觉如何？""您在做什么事？""您想要什么？"在准确回答这些问题之后，卡梅利娅开始与自己以前拥有但逐渐放弃的那些渴望——摄影、写作、她作为助产士的过去等等重新建立起连接。她从一个旧盒子里找出了她的相机，开始在附近公园里拍照。她开始阅读科学期刊，尤其是医学期刊。她开始写日志，记录下自己每天的所见所感。

之后没过多久她就开始抱怨，说自己无法正确操作照相机，太累了没办法阅读，记忆力太差所以记不清每天做了什么然后再写下来……所以，还需要有人来帮助她、支持她。这是一种典型现象：当存在共生融合倾向的患者准备好唤醒自己、直面存在、行动起来、主动做事的时候，他就会害怕，而且那些旧的共生融合反射也会再次发作。卡梅利娅害怕出门购物，害怕无法数清零钱，害怕拍不出漂亮的照片，害怕在街上迷路……

我说的的确是"恐惧"，而不是"焦虑"。但两者之间有什么区别呢？恐惧与自己以外的事物有关。我们害怕的通常都是我们可以识别的事物：狗、高空、嘲笑、疾病。总之，都是我们可以面对也可以逃避的事物。焦虑则并不与特定对象或威胁有关。当一个人感到焦虑时，他永远都不知道这焦虑与什么有关。或者，正如萨特所说，这焦虑与他自己有关，与他的存在责任有关。或者说，与他面对"我这辈子应当做些什么"这一存在问题时的感觉有关。在具体现实场景中，所谓"真正直面恐惧"即通过行动来回答上面这个问题，焦虑就会消失。这里存在连通器原理，可以总结为下面这条心理治疗准则：越是直面恐惧，我就越是不焦虑。

有些人会提出反对意见。他们说，自己每天都会多次直面生活挑战，例如迎接他人的目光，承担在家门之外受到他人攻击的风险，可能遭遇失败或失望，不能确定能否实现自己渴望的目标，等等。尽管如此，他们还是会焦虑，或者恐慌发作。可是，他们的确是在直面生活挑战吗？恐怕并非如此。仔细观察就会发现，他们只是在假装直面恐惧。实际上，他们陷入了强大的共生融合幻象，以此来麻痹自我，躲避恐惧。例如，他们会过度依赖他人，想方设法把本应由自己承担的责任委托给他人（在工作中或家庭中等），如果没有他人提供建议就绝不行动，总是避免分离，避免主张自己的观点，避免站在自己立场上，避免本人采取行动。他们总是站在他人身后，所以他们在直面自身恐惧的时候从未有过任何付出。

当然，还是会有人提出其他的反对意见：许多个体相当有进取心，甚至还相当独立，甚至会以自我为中心，例如探险家、艺术家、创业者等，他们似乎完全不顾自己的恐惧，甚至会去主动寻求危险，尽管如此，他们依然会受到焦虑感的袭击。

在这里，我们仍要警惕表象和假装。实际上，这些人心里有一种全能英雄感，所以他们会否认自己的脆弱。他们的确会感到恐惧，但他们相信自己是无敌的。所以我们应当明白这一点：以发自内心的方式去直面自己的恐惧，意味着全面感受并接受自己的脆弱，意味着正视那个既简单又可怕的事实——无论发生什么，人都是可以反抗逆境的，此外，还意味着要去承认，在这个世界上不存在任何能够彻底躲避逆境的方法。

对卡梅利娅以及其他想要针对脆弱性进行练习的共生融合型成年人来说，没必要一跃而下，只需要采取一些看似普通的小行动就可以了。例如，独自做出决定和选择，敢于说"不"，坚持自己的观点，承担犯错和失败的风险，等等。与独立有关的恐惧也可以通过非常简单的方式来应对，即敢于独自参加一些活动，例如独自在餐厅吃午餐或晚餐，独自去看电影，等等。只要尝试一下这些看似普通的练习，就会立刻看到它们的治疗效果。

在采取这些行动的时候，患者不再试图逃脱恐惧，于是也从事实上削弱了那些行不通的心理防御机制（依赖、不问世事、被动等)。啃噬他内心的正是这些心理防御机制，这才是他心理障碍的根源所在。打个比方，如果他能明白自己需要的只是一点点谨慎，那他就没必要继续把自己终身关在地堡里了。经过重新深入加工之后，那些行不通的心理防御机制就会让位于更加灵活的、更加适应现实的防御机制。

康复

卡梅利娅针对恐惧做了不少努力，这为她重新自主思考自己的未来提供了新的可能。她不再等着别人来照顾自己、背负自己。她决心学习她此前宁愿忽视的所有事务，例如管理自己的银行账户和行政手续证件，组织约会，关心自己的饮食，了解最新时事，克服日常生活中的千般困难。她站在自己的立场上，重新开始憧憬生活，不再去听从亲人或他人的指令。最重要的是，她决定制定一份真正的人生计划。她意识到，想要摆脱这种疾病的恶性循环，别无选择，只能回答这个问题："我这辈子要去做些什么？"这不是为了重新融入社会，甚至不是为了保持忙碌或填满自己的空闲时间，而是为了终于承担起自己生活中的所有责任。

她可以认为自己已经痊愈了吗？心理健康领域极为审慎，绝对不能提"痊愈"这个词。如今，人们更倾向于去说"康复中"，也就是说，患者再次对社会生活产生了适应性。卡梅利娅已经不会去彻底依赖他人了，她与亲友之间也开始建立更加平衡的关系。她还在战斗。但是，她已经和其他人一样，懂得生活属于自己，情感波动与依赖他人并不是不可避免的。有些患者则没有那么成功。经过一番努力之后，他们再次屈服于共生融合幻象。为什么有些人能比其他人做得更好？对心理学而言，这仍然是个难解的谜题。

无论如何，我的目的并不是给出一个治疗技术与方法清单(这样就把问题想得过于简单了)，而是想指明能够指导改变的几条存在原则。因此，有必要再次强调，最佳心理治疗工具是心理治疗过程中发展起来的关系纽带。所以，其他形式的心理治疗也同样适合照顾者以及适应社会的共生融合型成年人。

其他心理治疗

如何寻找心理医师？首先，必须检查您的那位治疗师是否接受过心理治疗师、临床心理医师或精神科医师培训。例如，您可以检查他是否已经在法国医师登记簿(ADELI)[8]中注册。此外，既然此处涉及的是依赖和共生融合问题，那么不说话、不交流或者不解释的心理治疗师并不适合处理亲密骚扰情形。同样，最好避免任何倾向于在治疗中将患者置于被动、停滞、依赖地位的心理治疗师。

最后应该指出的是，每个患者都有权知道心理医师提供哪一类治疗，同时也有权明确知晓治疗的原则、目标和框架。在预约的时候，请不要犹豫，您可以针对实际层面提一些问题（费用、疗程长短、心理医师所在流派等），此外也可以对技术或理论层面提问。最后，《心理医师职业操守准则》（可在互联网上找到）也可以为您提供与从业人员职责有关的宝贵信息。

家庭系统心理治疗

家庭系统心理治疗不会从个体角度来理解人，而是将每个人视为其所处发展体系（家庭、伴侣，有时可能是工作环境）中的一部分。此类治疗在处理亲密骚扰情形时可能会效果显著。例如，此类治疗有助于明确家庭成员的各自角色。谁做什么？为何互相指责？谁感到自己成为谁的受害者？成员之间如何分担责任、分享权利？各自脆弱之处在哪里？这些脆弱点之间关系如何？

为了澄清这些要点，治疗师可以使用多种方法，其中包括"家庭雕塑法"。治疗师将邀请其中一个患者指挥其他家庭成员排演一幅真人画，在这个过程中可以看出每一个人相对于其他成员的地位。这项练习所激发的反应以及相互之间的言语交流能够令那些无声小"合同"凸显出来，正是这些无声的"合同"导致整个家庭陷入自给自足的骚扰情形。

家庭系统心理治疗的另一个目标是找到"家庭神话"、父母禁令（"不要长大""不要通过自己本人行动"等）以及家庭秘密。这些东西都是代代相传的，没有人留意过它们的存在。之后需要修改家庭内部的交流模式，发现此类交流模式如何促成失调或心理障碍的出现。此外，这些心理障碍会体现在指定患者身上，这些症状常会令他失去自理能力。

这种心理疗法的优点在于用时相对较短：如果家庭成员有较好的集体动机，那么最多十几次治疗之后就会出现家庭变化。不过，变化势必引发混乱阶段，这也是大多数家庭所担心的。此时，必须克服强大阻力（愤怒、缺席等）。此外还要注意的是，家庭系统心理治疗比其他疗法更加烦琐，需要两位治疗师，原则上需要拍摄治疗过程以便之后解析。有时，其中一位治疗师会站在单向镜之后，通过电话与另一位治疗师沟通，以便干预心理治疗过程。最后，只有当所有成员坚持参加每一次心理治疗时，众人才会获得益处。不过，情感依赖型亲人经常会拒绝参加治疗，导致治疗效果从一开始便受到限制。

认知和行为心理治疗

在过去二三十年里,认知和行为心理治疗日益发展壮大,在某些疾病的治疗方面显示出巨大优势,例如抑郁、恐惧、恐慌发作,甚至是精神障碍的某些方面(通过认知补救实现)。顾名思义,此类疗法的重点在于认知和行为。"认知"这个词(来自拉丁文*cognitio*,"知识")是指知识、信念、心理表征以及大脑中处理信息的过程。

患者的某些动机行为(如回避行为)总是与某些生理和情绪行为以及特定思维类型(压力、焦虑等)有关,治疗师需要确定这些动机行为是如何产生的。诊断过程基于精神与行为障碍分类,分为四个阶段:首先从患者和亲友报告中收集能够观察到的行为;之后确定治疗目标;在此基础上向患者解释治疗技术,然后付诸实践;治疗结束后进行系统评估。

认知和行为疗法会使用多种方法,例如脱敏。如果存在恐惧症,如对狗的恐惧,那么在经过一段时间的放松后,患者必须想象恐惧症对象,然后再面对照片,最后在真实条件下接触狗。不言而喻,这项工作耗时较长,也需要对表征进行相当细致的评判工作。

另一种方法是练习主张自己的观点,在亲密骚扰这个特定背景下,这项练习能带来许多益处。事实上,这一项练习能够帮助患者发展出坚持己见的能力，即坚持自己的观点并按照自己期望行事的能力。

认知疗法领域也能提供多种治疗方式，其中包括图式疗法[9]。认知图式是对自己和世界的稳定心理表征。它们反映了一种非常个性化的看待问题的方式，但有的时候这种方式无法适应生活，而且自童年时期便已经如此。认知图式既包括父母指令，也包括长期以来个体采用的各种防御指令(文化的、个人的)。如今已经识别出了多种图式。其中多种都涉及对他人的依赖以及对共生融合的追求，之前几章中我们已经对此进行过描述。例如，遗弃/不稳定图式指的是主体认为，任何关系都不可能可靠，因此对分离感到担忧；情感缺乏图式指的是主体相信自己的情感需求永远无法得到满足；依赖/低能图式指的是主体认为自己没有能力做出决定并承担责任。此外还有共生融合、注定失败、依赖、低能、自我牺牲、寻求认可等图式。所有这些图式互相联结，构成某种总体存在模式，而且这种存在模式往往无法正常运转。图式疗法针对这种存在模式，通过一定的方法作用于思想、情绪、行为，由此改变存在模式。应该指出的是，与人本主义治疗方法一样，在图式疗法中，除了技术本身之外，共情关系仍是发生改变的重要杠杆。

12

其他资源、帮助和支持

作为照顾者,如果我们照顾的那个共生融合型成年人无法适应生活,而且也无法开展心理治疗(由于亲人的拒绝)或者治疗没有效果,那么应当怎么办呢?

照顾者法定身份的确立

首先需要知道,除共生融合依赖以外,其他许多情况也需要由亲友担任照顾者:年迈、身体或精神残疾、阿尔茨海默病和帕金森病、孤独症等。在法国,大约有800余万"家庭"或"自然"照顾者[1]。其中60%是女性,其中有将近50%的人最终因照顾活动而患上了慢性疾病。

尽管照顾者占总人口比例相当大,但一直以来却没有得到公共管理机关的重视。21世纪初,卫生领域的各个主导部门才开始留意他们。于是,与他们相关的研究增加,有关法律措施出台。例如,2002年3月4日的第2002-303号法律明确了"受信任者"这一概念,以便在严重医疗预后情况下,照顾者可以获得"必要信息,以便他们能够为患者提供直接支持"。自2005年以来,凭借官方认可，照顾者在法律层面上越来越受到重视[2]。

此外，人们将自己在担任照顾者期间获得的知识和个人经验提交认证，由此在护理领域（养老院、医院等）获得一份工作的可能性也指日可待。另外，为不得不停止职业工作而护理亲人的照顾者提供的带薪休假立法已经提上日程。许多照顾者已经可以从某些财政安排中受益，同时他们还可以享受暂休权，即将被照顾者暂时托付给专业机构（几小时到几个月）。

那么，受亲密骚扰影响的照顾者又是怎样的呢？事实上，此类照顾者并没有被计算在内，根本不在官方统计中。没有人去留意他们、寻找他们、考虑他们的需求，甚至没有在任何法律文件或研究中提到过他们。必须再次指出，目前任何机构都没有把情绪和社会关系不稳当作残疾。因此，亲密骚扰情形中的照顾者目前无法获得机构支持。事实上，如果有依赖倾向的亲人不存在认知缺陷或导致其无法自理的精神障碍，那么如何能够证明他需要照顾呢？"拒绝承担自身责任或经常处于财务和职业不稳状态"这类描述能否说服行政部门，这一点值得怀疑。因此，尽管照顾者身处共生融合骚扰情形中，为家庭和社会付出了许多，带来了许多益处，但却没有人看到他们。如何才能寻获支持与资源？除了心理支持和心理治疗之外，恐怕只剩下一个解决办法：照顾者协会。

向协会求助

目前还没有针对亲密骚扰情形的协会。照顾者只能与针对各类照顾者的协会联系，并获得他们的认可。

从这个角度来说，提前准备一份档案可能对形势有利（但并不是必需的），您可以在其中尽可能准确地描述您为不适合生活、存在共生融合倾向的亲人所做的事。您应该附上之前留存下来的任何文件——各种费用的收据（赠款、付款、住宿等）和行政手续，此外还要附上与医疗干预、旅行有关的信息，附上与相关专业人员（医院工作人员、心理医师、律师、社会保障部门人员等）交流的信息。此外，如果您认为自己有能力，那么也可以写一份小文档，追溯多年来与存在依赖倾向的亲人之间的关系变化。

然后,您可以向一个或多个协会介绍自己。此时,最好以综合协会即不分问题领域、接待所有照顾者的协会为目标。您将获得他们向其成员提供的许多资源:帮助、建议、培训、信息、讨论小组。当然,最重要的是,和所有照顾者一样,您本人也需要帮助。尽管大多数协会专门针对某一特定领域(阿尔茨海默病、孤独症、年迈等),但其活动基础是跨界的,可能为您带来极大帮助。

为了寻找最适合您情况的本地协会,您可以

首先与法国照顾者协会取得联系,他们会对任何疾病的照顾者提供陪伴支持服务。其他一些协会则能回答照顾者的问题,为他们提供行政层面上的建议并提供指导。各种宣传展示活动也可以提供宝贵支持。例如,照顾者咖啡馆[3]提供与其他照顾者定期会面和交谈的机会。此类活动通常每月举行一次,几乎遍布法国各地。

此外还有许多培训课程,旨在反思照顾关系的各个方面,还有很多工作坊,涉及健康、行政手续以及照顾关系的固有心理层面。

结语

在《亲密与骚扰》这本书中，我提出，在思考情感焦虑及依赖关系时将重点放在人格中存在的共生融合倾向上。首先，我期望清晰（至少在某种程度上）展现那些令人手忙脚乱，但起初难以通过逻辑去解释的生活状况。事实上，这些情况如此难以解释，以至于我们中的许多人会相信某些看似充分的解释，实际上这些解释非但没有帮助，反而会使问题更加复杂化。共生融合型个体会发现自己很快就被贴上了"变态"或"有毒"的标签；人们会认为自己成为兄弟或配偶精神骚扰行为的受害者，实际上那些亲人正在经历的是严重的情感依赖。因此，在我看来，必须提出另一种类型的骚扰——亲密骚扰。我希望这种做法能够帮助我们更好地了解其精神问题，并为摆脱问题开辟新路。

但这只是开始。本书所提出的亲密骚扰和共生融合倾向概念及其四个主要原则只是为了提供最基本的启发。不言而喻，这些概念仍需进一步讨论，必要时加以修正，也许有一天甚至会被其他概念所取代——心理治疗领域的概念几乎总是如此。

此外，本书也希望加强法国学者对存在主义心理学的理解。在未来几年里，该流派肯定能够与其他同样充满活力的治疗方法一同发挥越来越重要的作用。

正如之前所见，与存在有关的心理学的研究对象是个体的出现及个体在世界中的具体存有。它提出的问题既简单又基本，针对真实体验：如何成为自己？改变是可能的吗？如何才能充分发挥自己的创造能力？应该用自己的自由来做些什么事？萨特写道："人首先存在，遇见自己，在世界上现身，（……）之后才定义自己。存在主义者之所以认为人是不可定义的，那是因为最初的人什么都不是。定义是之后产生的，那时，他就成了自己塑造出的模样。"[1]从许多角度来说，这种自由（我更愿意把它称为"这种魔力"）令人生畏。这是因为，如果存在不是预先定义的，那么每一个人都必须背负起责任，对自己的现状和自己未来的模样负责。与此同时，对每个人来说，这种存在自由也意味着美妙的机会与承诺：无论当下处境如何，我们都有可能去改变它，去重塑自己生命的意义。

注释

前言

1. 美国精神医学学会:《精神障碍诊断与统计手册（第五版）》，张道龙等译，北京大学出版社，2015年。

2. 参见G. Loas, M. Corcos, *Psychopathologie de la personnalité dépendante*, Paris, Dunod, 2006.（依赖型人格障碍精神病理学）。

3. 玛丽-弗朗斯·伊里戈扬:《冷暴力》，顾淑馨译，江西人民出版社，2017年。法文La Découverte出版社2003版第8页。

4. 同上，法文版第10页。

5. 引自欧文·亚隆:《存在主义心理治疗》，黄峥、张怡玲、沈东都译，商务印书馆，2015年。法文Galaade出版社版第521页。存在主义心理治疗师欧文·亚隆并没有创立新的流派，他只是在这本书中完美地综合介绍了存在主义心理治疗的几位先驱和创始人的多种贡献。这些人包括亚伯拉罕·马斯洛（Abraham Maslow）、罗洛·梅（Rollo May）、弗雷德里克·皮尔斯（Fritz Perls）、卡尔·罗杰斯（Carl Rogers）和维克多·弗兰克（Viktor Frankl）。

6. 本书中所有名字均为假名。本书中所有陈述均经当事人同意，为确保匿名，已对事实和地点进行修改。

1. 亲密骚扰过程

1. "家庭忠诚"概念由家庭治疗先驱之一、脉络治疗提出者、精神病学家伊万·博佐门-纳吉（Ivan Boszormenyi-Nagy）提出；参见I.Boszormenyi-Nagy, G. Spark, *Invisible Loyalties. Reciprocity in Intergenerational Family Therapy*, New York, Harper & Row, 1973（隐形忠诚：代际家庭治疗的相互性）。

2. M. Vannotti, "Raison et déraison de la loyauté familiale. Un cas clinique," *Cahiers critiques de thérapie familiale et de pratiques de réseaux*, no 44 (1), 2010（《家庭治疗与网络实践批评手册》之"家庭忠诚的理性与疯狂：一个临床案例"）。

3. 同上。

4. J.-F. Le Goff, "Thérapeutique de la parentification : une vue d'ensemble,", *Thérapie familiale*, vol. 26 (3), 2005（《家庭治疗》之"亲子关系颠倒的治疗方法：概览"）。

5. 同上。

2. 亲密操纵

1. 法国文本与词汇资源中心（CNRTL网站）。

2. 从经典精神病学角度来看，"病态"撒谎倾向可能在多种精神障碍中出现，例如自恋型人格障碍、精神分裂症中出现的分离性障碍、边缘型人格障碍、抑郁或酗酒。

3. 法国文本与词汇资源中心（CNRTL网站）。

4. 多项研究表明，依赖型人格障碍和抑郁之间存在关联。阿曼德·W.罗朗热（Armand

W. Loranger）发现，在精神病患者群体中，依赖型人格障碍中存严重抑郁的比例为31%，而非依赖型人格障碍中只有19.8%；参见A. W. Loranger, "Dependant personality disorder. Age, sex and axis I comorbidity," *Journal of Nervous and Mental Disease*, no 184, 1996 （《神经和心理疾病期刊》之"依赖型人格障碍：年龄、性别和轴I精神障碍共病"）。

3. 崩溃与冲突

1. 虽然我本人或其他心理医师在临床中经常观察到这种平静期，但目前仍未有统计数据证明。

2. O. Ayduk, W. Mischel, P. K. Peake, "Regulating the interpersonal self. Strategic self-regulation for coping with rejection sensitivity," *Journal of Personality and Social Psychology*, no 79, 2000 （《人格与社会心理学期刊》之"调节人际关系中的自我：以讲求策略的自我调节方式来应对拒绝敏感"）。

3. Susan T. Fiske, *Social Beings: Core Motives in Social Psychology*, 4th Edition, Wiley, 2018.

4. M. H. Kernis, L. C. Barclay, "Stability and level of self-esteem as predictors of anger arousal and hostility," *Journal of Personality and Social Psychology*, no 56, 1989. （《人格与社会心理学期刊》之"将自尊心水平及稳定性作为愤怒发作与敌意的预测指标"）。

5. 家庭或伴侣中的暴力行为从来都不是小事。数以百万计的家庭和伴侣生活在暴力环境中，每年都有许多人（特别是妇女和儿童）为此而丧命。不过，本书中我们并不打算讨论此类暴力，只想阐明其在亲密骚扰这一明确背景下的具体特征。

4. 亲密骚扰的后果

1. 应该指出的是，心理学家在阶段或步骤的划分问题上仍有争议。伊丽莎白·库伯勒-罗斯已经指出，人们看到该模型时可能会认为哀悼过程呈线性且依序排列，但事实并非如此。其中存在许多重叠、回退和矛盾心理运动。不过，如果能够在考虑上述缺陷的前提下应用该模型（尤其是在医院中），那它就能提供许多宝贵参考，帮助人们更好地理解并陪伴面对丧亲之痛的人们所经历的情感动荡。

2. S. Daneault avec la collaboration de V. Lussier et de S. Mongeau, *Souffrance et Médecine*, Québec, Presses de l'université du Québec, 2006. （病痛与医治）。

3. J. Naggar, L. Noël, *Fatigue de compassion. Quand aider conduit à l'épuisement, rencontre des intervenants sociocommunautaires en HLM (RIS2016)*, Atelier conférence, 2016. （工作坊：同情导致的疲劳：帮助导致的精疲力竭。与HLM (RIS2016)期间社会社区支持者之间的会谈）。

4. 同上。

5. 什么是共生融合型个体？

1. Q. Debray, B. Granger, F. Azaïs, *Psychopathologie de l'adulte*, Paris, Masson, 1998, 2001 （《成人精神病理学》）。

2. G. Loas, M. Corcos, *Psychopathologie de la personnalité dépendante*（《依赖型人格精神病理学》），见上。法文版第49页。

3. R. F. Bornstein, *The Dependent Personality*, The Guilford Press, New York, 1993（《依赖型人格》）；A. W. Loranger, *Dependent personality disorder. Age, sex, axis I comorbidity*（《"依赖型人格障碍：年龄、性别和轴I精神障碍共病"》），见上；J. Reich, "The morbidity of DSM-III-R dependent personality disorder," *Journal of Nervous and Mental Disease*, no 184, 1996（《神经和心理疾病期刊》之"DSM-III-R依赖型人格障碍病况"）；B. F. Grant et al., *"The epidemiology of social anxiety disorder in the United States. Results from the national epidemiologic survey on alcohol and related conditions,"* *Journal of Clinical Psychiatry*, 2005.（《临床精神病学期刊》之"美国社会焦虑障碍的流行病学研究：全国酒精及相关情况流行病学调查结论"）。

4. J. Masterson, D. Rinsley, *"The borderline syndrome. The role of the mother in the genesis and psychic structure of the borderline personality,"* *International Journal of Psycho-Analysis*, no 56, 1975.（《国际精神分析期刊》之"边缘型症候群：母亲在边缘型人格的产生及其精神结构中扮演的角色"）。

5. O. F. Kernberg, *Severe Personality Disorders, Psychotherapeutic Strategies*, New Haven, Yale University Press, 1984.（严重人格障碍：心理治疗策略）。

6. K. Wingenfeld, C. Spitzer, N. Rullkötter, B. Löwe, "Borderline personality disorder. Hypothalamus pituitary adrenal axis and findings from neuroimaging studies," *Psychoneuroendocrinology*, no 35, 2010.（《心理神经内分泌学》之"边缘型人格障碍：下丘脑垂体肾上腺轴及神经影像学研究成果"）。

7. O. F. Kernberg, R. Michels, "Borderline personality disorder," *American Journal of Psychiatry*, no 166, 2009.（《美国精神病学期刊》之"边缘型人格障碍"）。

8. 精神病学家菲利普·皮内尔是该学科伟大先驱之一。正是他将精神病患者从枷锁中解放了出来。他改善了精神病患者的治疗方式，特别是停止了以羞辱和残暴为基础的治疗方法，同时主张将"精神（心理）治疗"与善心相结合。他还提出了精神疾病的首套分类。

9. 泰奥迪勒·里博（1839—1916）是公认的法国心理学创始人。

10. 精神幼稚症：Dupré, 1903；情感幼稚症：Jampolsky, 1948；幼稚型人格：Kernberg, 1982。

11. A. Bertrand, *La Personnalité immature affective*, mémoire pour le CES de psychiatrie, Paris-VI, 1982（巴黎第六大学精神病学专业课程论文：情感不成熟人格）。M. Tristan, M. Delage, D. Montaud, P. Thibault, "À propos de l'immaturité affective ," *Médecine et armées*, 5, 9, 1977（《医学与军队》之"关于情感不成熟"）。C. Barrois, "Psychiatrie et armée ," *Encyclopédie médico-chirurgicale. Psychiatrie*, Paris, Elsevier-Masson, 1984（《医学外科百科全书·精神病学卷》之"精神病学与军队"）。

12. 欧文·亚隆：《存在主义心理治疗》，黄峥、张怡玲、沈东都译，见上。法文版第196页。

6. 拒绝长大

1. 彼得·潘综合征只影响男性。丹·基利还提出了针对女性的版本"温迪综合征"。

2. 不过，千万不要认为父母是孩子精神障碍的直接"起因"（这一点适用于全书）。最能证明这一点的是，共生融合型成年人的兄弟姐妹尽管接受了同样的教养，但不一定存在共生融合倾向。事实上，还有其他许多因素，例如大脑发育相关问题、总体健康状况、意外事故、与兄弟姐妹之间的关系、学校欺凌、各种类型的攻击等。

3. 值得注意的是，如今只需一部手机便能满足所有这些需求，能够替代小玩具、收音机、电视和夜灯。它（暂时还）不能取代吮吸拇指，但至少可以占着拇指不放……

4. 习得性无力感有时被称为"习得性无助"、"习得性无能"或"习得性放弃"。J. B. Overmier, M. E. P. Seligman, "Effects of inescapable shock upon subsequent escape and avoidance responding ," *Journal of Comparative and Physiological Psychology*, no 63, 1967.（《比较和生理心理学期刊》之"无法逃避的打击对后续逃脱及规避反应的影响"）。M. Seligman, S. Maier, "*Failure to escape traumatic shock* ," *Journal of Experimental Psychology*, no 74, 1967.（《实验心理学期刊》之"创伤性打击的逃脱失败"）。

5. G. Bateson, D. D. Jackson, J. Haley, J. Weakland, "*Toward a theory of schizophrenia* ," *Behavioral Science*, no 1, 1956.（《行为科学》之"浅论精神分裂理论"）。

6. 请注意，如果没有其他共生融合特征相伴，那么这些兴趣点并不一定表明存在共生融合倾向。

7. 益普索健康部门与辉瑞基金会于2013年联合进行的一项调查表明，70%的受访者认为，成为成年人的最重要时刻是"不再与父母一起生活"。

8. 约翰·鲍尔比：《依恋三部曲》，汪智艳等译，世界图书出版公司，2017—2018年。

9. M. Ainsworth, "Attachment and exploratory behavior of one year-olds in a strange situation ," in B. M. Foss (éd.), *Determinants of Infant Behaviour*, vol. 4, London, Methuen, 1969（《儿童行为决定因素·第四卷》之"奇怪环境中一岁龄儿童的依恋与探索行为"）。

10. J. W. Livesley et al., "Dependent personality disorder and attachment problems ," *Journal of Personality Disorders*, vol. 4, no 2, 1990.（《人格障碍期刊》之"依赖型人格障碍与依恋问题"）。

11. M. A. Whisman, A. L. McGarvey, "Attachment, depressotypic cognitions, and dysphoria ," *Cognitive Therapy and Research*, no 19, 1995.（《认知疗法与研究》之"依恋、压力特有认知与烦躁"）。

12. 这是一种猜测，需要通过实验和研究加以验证。

7. 拒绝做自己

1. E. Somer, "Maladaptive Daydreaming. A qualitative inquiry ," *Journal of Contemporary Psychotherapy*, vol. 32, no 2–3, 2002.（《当代心理治疗期刊》之"适应不良型白日梦：性质调查"）。

2. E. Klinger, M. D. Murphy, J. L. Ostrem, K. Stark-Wroblewski, "Disclosing daydreams versus real experiences. Attitudes, emotional reactions, and personality correlates ," *Imagination, Cognition and Personality*, vol. 24, no 2, 2005.（《想象、认知与人格》之"透露型白日梦与真实经历：态度、情绪反应与人格相关因素"）。

3. E. Somer, J. Lehrfeld, J. Bigelsen, D. S. Jopp, "Development and validation of the

Maladaptive Daydreaming Scale ," *Consciousness and Cognition*, no 39, 2009.(《意识与认知》之"适应不良型白日梦量表的开发与验证")。

4. 欧文·亚隆:《存在主义心理治疗》,黄峥、张怡玲、沈东都译,见上。法文版第195页。

5. G. Cole, "Existential dissonance. A dimension of inauthenticity ," *The Humanistic Psychologist*, vol. 44, no 3, 2016.(《人本主义心理学家》之"存在失调:表里不一层面")。

6. 例如可以参见 M. K. Suvak, B. T. Litz, D. M. Sloan, M. C. Zanarini, L. Feldman Barrett, S. G. Hofmann, "*Emotional granularity and borderline personality disorder* ,"   , vol. 120, no 2, 2011.(《不正常心理学期刊》之"情绪颗粒度和边缘型人格障碍")。

7. Interview de L. Feldman Barrett, "*Are you despair ? That's good* ," New York Times, 03/06/2016.(《纽约时报》丽莎·费尔德曼·巴雷特访谈"你感到绝望吗?这是好事")。

8. 《疾病和有关健康问题的国际统计分类(第十次修订本)》由世界卫生组织发布。

9. 欧文·亚隆:《存在主义心理治疗》,黄峥、张怡玲、沈东都译,见上。法文版第314页。

10. 同上。

11. 美国精神医学学会:《精神障碍诊断与统计手册(第五版)》,张道龙等译,见上。

12. 孟乔森综合征在一定程度上仍然是未解之谜,对它的研究依然很少。原因很可能在于此类患者尤为难以识别。该综合征的首次描述是 R. Meadow, "Munchausen syndrome by proxy. The hinterland and child abuse ," *The Lancet*, 13, 2, 1977 (《柳叶刀》之"代理型孟乔森综合征:偏远地区与虐待儿童")。20年后法国精神病学期刊上才出现了第一篇相关文章: C. Beltrand, A. Simonet, P. Mazet, "Le SMPP, forme étrange de maltraitance de l'enfant ," *Neuropsychiatrie de l'enfant et de l'adolescent*, 45, 1997 (《儿童与青少年神经精神病学》之"代理型孟乔森综合征:虐待儿童的奇怪方式")。此外,到目前为止,研究重点是报告虐待问题,而不是探讨其精神病学起因。关于这些问题,请参见 A.-C. Pernot-Masson, "Psychothérapie d'une maman trop attentionnée : un syndrome de Münchhausen par procuration ," *La Psychiatrie de l'enfant*, vol. 47 (1), 2004 (《儿童精神病学》之"为过于关切的母亲提供的心理治疗:代理型孟乔森综合征")。

13. 法国文本与词汇资源中心(CNRTL网站)。

8. 拒绝行动

1. R. A. Barkley, "Distinguishing sluggish cognitive tempo from attention-deficit/hyperactivity disorder in adults ," *Journal of Abnormal Psychology*, no 121 (4), 2012.(《不正常心理学期刊》之"如何区分成人中的认知速度缓慢与注意力缺失/过动症")。

2. 动力低下目前被认为是注意力缺失/过动症(ADHD)的一个亚型。

3. 美国精神医学学会:《精神障碍诊断与统计手册(第五版)》,张道龙等译,见上。

4. 列夫·尼古拉耶维奇·托尔斯泰:《忏悔录》,崔建华译,浙江文艺出版社,2015年。

5. R. Naviaux et al., "Metabolic features of chronic fatigue syndrome ," *Proceedings of the National Academy of Sciences*, vol. 113, no 37, 2016.(《国家科学院日程记录》之"慢性疲劳综合征在新陈代谢层面上的特点")。

6. J. W. Brehm, *A Theory of Psychological Reactance*, Cambridge Mas., Academic Press, 1966.（《心理抗拒理论》）。

7. 该领域仍需进一步研究，以便找到认知乃至情绪层面上的补救措施，存在情感依赖问题的共生融合型成年人无疑能够从中受益。

8. R. Laforgue, *Psychopathologie de l'échec*, Paris, Payot, 1941（关于故意失败的精神病理学）。

9. 对于那些喜欢奇特词汇的人来说，"失败恐惧症"还有另一个同义词：kakorrhaphiophobia，意思是"失去或失败恐惧症"。

10. 有人可能会问，尼古拉为什么只在法语方面有欠缺，其他科目却不受影响。可以从两个方面来回答。首先，所有科目失败会给他带来过多痛苦，如留级、被送入特殊学校、亲人失望、内疚等。其次，在学校里的成绩过差也会威胁母子之间的共生融合关系，其中一部分原因在于，各个方面（教师、心理医师、语言治疗师等）都会入侵家庭亲密领域。因此，对尼古拉来说，坚持单一科目欠缺是可以接受的妥协方案。

9. 拒绝分离

1. 罗宾·诺伍德：《爱得太多的女人》，庞湃译，北京联合出版公司，2011年。

2. 参见C. Versaevel, "La dépendance affective et la psychiatrie : une mésentente ," *L'Encéphale*, no 37, 2011.（《大脑》之"情感依赖和精神医学：无效沟通"）。

3. M. Larivey, "Dépendance affective et besoins humains ," *La Lettre du psy*, vol. 3, no 7, 1999.（《心理医生随笔》之"情感依赖与人之需求"）。

4. C. Adam, *Psychopathologie et délinquance*, Bruxelles, Bruylant, 2015（精神病理学与犯罪）。

5. S. Hart, H. Carrington, "Jealousy in six-month-old infants ," *Infancy*, no 3, 2002.（《婴儿期》之"六月龄婴儿的嫉妒心"）。

6. 欧文·亚隆：《存在主义心理治疗》，黄峥、张怡玲、沈东郁译，见上。法文版第540页。

7. 轻型解离是一种常见的短暂现象，任何人都会在一天当中多次发生。例如，回家之后有时会忘记自己所走的路线。这段路线显然是"自动"完成的，个体的意识部分在想其他事，而自动部分（程序性记忆）则负责驾驶、阐释路标等。

10. 共生融合陷阱为何有效？

1. J.-S. Giraudet, I. Cantegreil-Kallen, *Comment aider ses proches sans y laisser sa peau*, Paris, Robert Laffont, 2016（帮助亲人时如何避免自伤）。

11. 从心理支持到心理治疗

1. 更准确的说法是存在主义心理治疗（复数），因为该流派子类别很多。然而，我们在这里将仅讨论它们的共同背景,即欧文·亚隆总结并评论的内容。

2. 卡尔·罗杰斯:《论人的成长》,石孟磊等译,世界图书出版公司,2015年。法文 Eyrolles 出版社2012年版第43页。

3. L. Luborsky, B. Singer, L. Luborsky, "Comparative studies of psychotherapies : is it true that everyone has won and all must have prizes ?" *Proceedings of the Annual Meeting of American Psychopathological Association*, no 64, 1976.(《美国精神病理学年度会议日程记录》之 "心理治疗比较研究:每个人都能获胜并必须获得奖励,真的是这样么?")。

4. 欧文·亚隆:《存在主义心理治疗》,黄峥、张怡玲、沈东都译,见上。法文版第471页。

5. M.-N. Salathée, "Soin de l'âme. L'approche existentielle en psychothérapie," *Sciences croisées*, no 7-8, 2011.(《交叉科学》之"呵护心灵:心理治疗中的存在主义方法")。

6. 欧文·亚隆:《存在主义心理治疗》,黄峥、张怡玲、沈东都译,见上。法文版第468页。

7. 丹尼尔·麦克勒(Daniel Mackler)拍摄过一部迷人的绝佳纪录片《带上这破碎的翅膀》(*Take These Broken Wings*),可在互联网上免费观看,一定能够为观众带来启发。

8. 医疗卫生领域的所有专业人员都必须在职业住所所在地的行政公署登记其文凭信息。ADELI号码记录了每一位专业人员的身份信息,并可核实其执业资格。

9. A. T. Beck, *Depression, Clinical Experimental and Theoretical Aspects*, New York, Harper and Row, 1967(抑郁:临床试验和理论方面》)。另外还可参见 J. Young, J. Klosko, *Je réinvente ma vie*, Montréal, Les Éditions de l'homme, 1993(重塑我的生活),以及 *La Thérapie des schémas. Approche cognitive des troubles de la personnalité*, Louvain-la-Neuve/Paris, De Boeck, 2003(从认知角度处理人格障碍的方法)。

12. 其他资源、帮助和支持

1. 根据2011年法国国家独立自主团结委员会的活动报告。

2. 2002年第303号法律第245-7条:"在应用第245-12条时,家庭照顾者意指根据本法典第245-3条的定义提供人道帮助且并未因此帮助而获得薪酬的配偶、同居人、与受益人缔结民事互助契约者、受益人的长辈、后代或四等以下旁系亲属,或受益人伴侣一方的长辈、后代或四等以下的旁系亲属。"

3. http://www.aidants.fr/vous-etes-aidant/participer-action-presde-chez-soi/cafe-aidants.

结语

1. 让-保罗·萨特:《存在主义是一种人道主义》,周煦良译,上海译文出版社,2012年。Gallimard 出版社1996年法文版第29页。

参考书目

1. Adam C., *Psychopathologie et délinquance*, Bruxelles, Bruylant, 2015.

2. Allport G., Feifel H., Maslow A., Rollo M., Rogers C., *Existential Psychology*, Random House, 1960（存在主义心理学）。

3. 美国精神医学学会：《精神障碍诊断与统计手册（第五版）》，张道龙等译，北京大学出版社，2015年。

4. Chaperon A.-F., *Prendre en charge les victimes de harcèlement moral*, Paris, Dunod, 2015（精神骚扰受害者的治疗）。

5. Debray Q., Granger B., Azaïs F., *Psychopathologie de l'adulte*, Paris, Masson, 2001（成人精神病理学）。

6. Giraudet J.-S., Cantegreil-Kallen I., *Comment aider ses proches sans y laisser sa peau*, Paris, Robert Laffont, 2016（帮助亲人时如何避免自伤）。

7. 玛丽-弗朗斯·伊里戈扬：《冷暴力》，顾淑馨译，江西人民出版社，2017年。

8. Joublin H., *Réinventer la solidarité de proximité : manifeste de proximologie*, Paris, Albin Michel, 2005（重塑亲友圈团结：亲近学宣言）。

9. Laforgue R., *Psychopathologie de l'échec*, Paris, Payot, 1941（关于故意失败的精神病理学）。

    Loas G., Corcos M., *Psychopathologie de la personnalité dépendante*, Paris, Dunod, 2006（依赖型人格障碍精神病理学）。

10. 罗宾·诺伍德：《爱得太多的女人》，庞湃译，北京联合出版公司，2011年。

    世界卫生组织：《ICD-10：精神与行为障碍分类》，范肖东译，人民卫生出版社，1993年。

11. 卡尔·罗杰斯：《论人的成长》，石孟磊 等译，世界图书出版公司，2015年。Vittorio L., *Les Troubles de la personnalité*, Paris, Flammarion, 1996（人格障碍）。

12. 欧文·亚隆：《存在主义心理治疗》，黄峥、张怡玲、沈东郁译，商务印书馆，2015年。

致谢

在此，我要感谢那些曾友好支持并激励我写作本书的人：埃莱娜·拉格朗日、洛朗斯和阿加特·加尔蒂，感谢他们的好奇、热情与鼓励；雅尼克·勒里波尔，感谢他的友好陪伴与明智建议；让－吕克·贝尔诺和林·洛泰利耶，感谢他们的启发性建议和友情校对；西尔维安·邦特，感谢她细致入微、富有建设性的观点；杰出的伊夫·塞梅里亚，感谢他的许多哲学教诲；以及独特、杰出的临床心理学家西里尔·帕亚克，感谢她的信任和不懈支持。

我还要感谢提供话语和感想的所有人，正是这些话语和感想使得我能够通过许多案例来表明观点。

最后，我想将本书献给我的母亲吉尔·吉多·塞梅里亚。她是一个相当不同凡响的人，一生中，她曾以非常细腻的方式去对待她所遇到的每一个人，鼓励他们敢于去生活。

图书在版编目（CIP）数据

亲密与骚扰 /（法）厄德·塞梅里亚著；狄佳译.
上海：上海文艺出版社，2025. -- ISBN 978-7-5321
-9108-6

Ⅰ. C913.11-49

中国国家版本馆CIP数据核字第2024R1W282号

Le harcèlement fusionnel by Eudes Séméria
© Éditions Albin Michel, 2018, 2021
Simplified Chinese edition arranged through Dakai – L'agence
图字号 09-2024-0584

发 行 人：毕　胜
总 策 划：李　娟
责任编辑：肖海鸥　余静双
特约编辑：王思杰
装帧设计：潘振宇

书　　名：亲密与骚扰
作　　者：[法] 厄德·塞梅里亚
译　　者：狄　佳
出　　版：上海世纪出版集团　上海文艺出版社
地　　址：上海市闵行区号景路159弄A座2楼 201101
发　　行：上海文艺出版社发行中心
　　　　　上海市闵行区号景路159弄A座2楼206室 201101 www.ewen.co
印　　刷：苏州市越洋印刷有限公司
开　　本：1240×890　1/32
印　　张：9.375
插　　页：4
字　　数：158,000
印　　次：2025年2月第1版 2025年2月第1次印刷
I S B N：978-7-5321-9108-6/B.113
定　　价：75.00元
告 读 者：**如发现本书有质量问题请与印刷厂质量科联系　T: 0512-68180628**

人啊,认识你自己!